droit civil

les biens

droit civil

les biens

Pierre Dupont Delestraint
chargé d'enseignement à la Faculté de droit
et des sciences économiques de Reims

septième édition 1981

dalloz
11, rue Soufflot, 75240 Paris Cedex 05

AVERTISSEMENT

La collection des **MÉMENTOS DALLOZ**, rédigée avec la collaboration de Professeurs aux Universités, constitue un ensemble de petits ouvrages présentant les différentes matières des nouveaux programmes : D.E.U.G., Licences, Maîtrises en Droit, ès Sciences économiques et de Gestion, ainsi que de la Capacité en Droit, sous forme d'**exposés schématiques.**

Par leur composition typographique et grâce à un jeu de caractères appropriés, les divisions et les notions essentielles sont mises en relief et frappent la mémoire visuelle du lecteur.

Sans remplacer l'enseignement dispensé, sous des formes diverses, dans les Universités, les **MÉMENTOS DALLOZ** permettent à l'étudiant de saisir, sans difficulté, l'essentiel d'une question.

MÉMENTO DE DROIT CIVIL

LES BIENS

CHAPITRE PRÉLIMINAIRE. — RAPPEL DE NOTIONS ESSENTIELLES SUR LES DROITS RÉELS

1. — Définitions et terminologie.

Droit réel : droit s'exerçant directement sur une chose ; p. ex. le droit de propriété, le droit d'usufruit.

Au droit réel, on oppose le **droit personnel** en vertu duquel une personne, *le créancier*, peut exiger d'une autre, *le débiteur*, l'exécution d'une prestation ; p. ex. un droit de créance de telle somme d'argent.

Les droits réels et les droits personnels constituent la catégorie des **droits patrimoniaux**, droits qui peuvent être évalués en argent ; — par opposition aux **droits non patrimoniaux** qui ne peuvent être évalués en argent : droits de la personnalité, droits de famille (1).

Un bien, au sens courant du terme, est *une chose* servant à l'usage de l'homme, soit directement, soit indirectement par sa valeur d'échange.

Mais le terme « bien » désigne aussi *le droit lui-même* qui porte sur la chose, la chose n'ayant d'utilité que dans la mesure où un droit peut être exercé sur elle.

C'est dans cette dernière acception que le Code civil, Livre II, entend le terme *biens*, comme étant des droits réels portant directement sur les choses.

2. — Deux catégories de droits réels : droits réels principaux et droits réels accessoires.

A. Droits réels principaux.

a) Droit de propriété : droit de jouir, à l'exclusion de toute autre personne, des avantages que procure la chose : *s'en servir, — en tirer profit, — en disposer.*

(1) Sur ces notions v. *Mémento de Droit civil. Introduction à l'étude du Droit civil*, 8e éd., p. 53 et s.

b) Droits réels sur la chose d'autrui, conférant au titulaire du droit, une partie des prérogatives du droit de propriété.

1. **Usufruit** : droit de jouir, sa vie durant, de la chose d'autrui (art. 578) (1) (*infra*, p. 70).

2. **Droit d'usage** (art. 625 et s.) : droit de se servir de la chose d'autrui et d'en percevoir les fruits (2) « autant qu'il en faut » à l'usage « pour ses besoins et ceux de sa famille » (*infra* , p. 81).

3. **Droit d'habitation** (art. 632 et s.) : droit pour le titulaire d'habiter, avec sa famille, la maison sur laquelle porte le droit « quand même il n'aurait pas été marié à l'époque où ce droit lui a été donné » (*infra*, p. 81).

4. **Servitude** (art. 637 et s.) : charge établie sur un fonds pour l'utilité d'un autre fonds ; p. ex. servitude de passage (*infra*, p. 85).

5. **Emphytéose** (C. rur. art. 937 et s.) : bail à très long terme (de 18 à 99 ans) qui, par sa nature, serait un droit personnel, mais conférant au preneur « un droit réel susceptible d'hypothèque » (*infra*, p. 93).

6. **Le bail à construction** (loi du 16 déc. 1964), variété d'emphytéose, par lequel le preneur s'engage à édifier des constructions sur le terrain du bailleur et à les entretenir pendant la durée du bail (de 18 à 70 ans), constructions dont il est propriétaire jusqu'à la fin du bail (*infra*, p. 94).

B. Droits réels accessoires.

Droits réels accessoires d'un droit de créance dont ils constituent la garantie.

Ce sont les droits résultant d'un *nantissement* ou d'une *hypothèque*.

1. **Nantissement** : « contrat par lequel un débiteur remet une chose à son créancier pour sûreté de la dette » (art. 2071).

— « Le nantissement d'une chose mobilière s'appelle **gage** » (art. 2071, al. 1).

— « Celui d'une chose immobilière s'appelle **antichrèse** » (art. 2072, al. 2).

(1) Sauf indications contraires, les références ainsi mentionnées concernent les articles du *Code civil* ; celles aux *autres Codes* sont indiquées comme suit : *Code de procédure civile* : C. pr. civ. ; — *Code pénal* : C. pén. ; — *Code de procédure pénale* : C. pr. pén. ; *Code de commerce* : C. com. ; *Code rural* : C. rur. ; — *Code de la construction et de l'habitation* : C. constr. ; — *Code forestier* : C. for. ; — *Code du travail* : C. trav. ; — *Code de l'urbanisme* : C. urb. ; — *Code de la santé publique* : C. santé publ. ; — *Code du domaine de l'Etat* : C. dom. Etat ;

Il est très vivement recommandé de se reporter aux textes dont la référence est indiquée, au moins à ceux du Code civil.

(2) Sur la définition des *fruits*, *infra*, p. 7.

2. Hypothèque : droit réel sur un immeuble, affecté à la garantie d'une créance (art. 2114), ne comportant pas dépossession du débiteur (à la différence de l'antichrèse).

Limitation du nombre des droits réels : les parties *ne peuvent créer des droits réels autres que ceux prévus par la loi* ; les règles d'organisation de la propriété et, en particulier, de la propriété foncière étant des lois d'ordre public auxquelles il est interdit de déroger par des conventions particulières (arg. loi du 1er juin 1924 mettant en vigueur la législation civile française en Alsace et Lorraine, art. 36, al. 2 « Les seuls droits réels immobiliers sont *ceux que prévoit* la loi française »).

3. — Caractères des droits réels (comparés à ceux des droits personnels.

1. Eléments.

Droit réel : deux éléments, **la personne**, sujet du droit, — **la chose**, objet du droit.

Droit personnel : trois éléments, **le créancier**, sujet actif du droit, — **le débiteur,** sujet passif du droit, — **la prestation**, objet du droit.

2. Portée du droit : le droit réel *est opposable à tous* ; — le droit personnel *n'est opposable qu'au débiteur.*

3. Effets.

Droit réel : confère à son titulaire un *droit de suite* et un *droit de préférence.*

A. Droit de suite lui permettant, pour exercer son droit, de *suivre* (c.-à-d. de saisir) entre les mains de toute personne, le bien sur lequel il porte ;

Sur le droit de suite appartenant *au propriétaire, infra,* p. 5 ; — *l'usufruitier* peut réclamer la chose pour en jouir, quel que soit le propriétaire de la chose (v. art. 261) ; — le titulaire d'une *servitude,* p. ex. d'un droit de passage, peut l'exercer quel que soit le propriétaire du fonds ; de même pour les *droits d'usage* et *d'habitation.*

B. Droit de préférence qui est essentiellement (mais non exclusivement) un attribut des droits réels accessoires, permettant au titulaire du droit, en cas de conflit avec le titulaire d'un droit personnel, d'être préféré à ce dernier.

Ainsi le titulaire d'une hypothèque peut, si le débiteur ne paie pas à l'échéance, se faire payer sur le prix de la chose, sans subir le concours des autres créanciers qui n'ont qu'un droit personnel.

Droit personnel : ne confère

— *ni droit de suite* : c'est seulement du débiteur et sur son patrimoine, tel que composé au moment de la poursuite, que le créancier peut exiger la prestation ;

— *ni droit de préférence* : si les biens du débiteur, saisis et vendus, sont insuffisants pour désintéresser tous les créanciers, chaque créancier, n'ayant qu'un droit personnel, sera payé *au marc le franc*, c.-à-d. au *prorata* de sa créance.

4. Droits réels mobiliers et immobiliers.

a) Certains droits réels peuvent porter *tant sur les meubles que sur les immeubles* ; — parmi les droits réels principaux : le droit de propriété, l'usufruit, le droit d'usage ;

b) D'autres ne peuvent porter *que sur les immeubles ;*

— *droits réels principaux* : droits d'habitation, les servitudes ; l'emphytéose ; le droit résultant d'un bail à construction ;

— *droits réels accessoires* : l'antichrèse, l'hypothèque.

c) Ou *seulement sur les meubles* : droit réel accessoire, le gage.

PREMIÈRE PARTIE

LA PROPRIÉTÉ

TITRE I. — NOTIONS GÉNÉRALES

« **La propriété** est le droit de jouir et disposer des choses de la manière la plus absolue, pourvu qu'on n'en fasse pas un usage prohibé par les lois et règlements » (art. 544).

Attributs de droit de propriété.

1. Droit d'**user** de la chose, c.-à-d. de *s'en servir.*
2. Droit de **jouir** de la chose, c.-à-d. *d'en percevoir les fruits.*
3. Droit de **disposer** de la chose, soit *matériellement*, p. ex. en la détruisant, — soit *juridiquement*, p. ex. en l'aliénant.

Caractères du droit de propriété.

1. Droit réel ;
2. absolu, exclusif, perpétuel ;
3. mais comportant de nombreuses limitations qui se sont multipliées, surtout depuis la fin du XIXe siècle.

A. — La propriété, droit réel, confère au propriétaire :

a) droit de suite, lui permettant de *suivre* la chose en quelque main qu'elle se trouve, par l'*action en revendication.*

Sous réserve, pour la propriété des immeubles, du cas où un tiers est devenu propriétaire par prescription acquisitive (*infra*, p. 43) ; — et, pour la propriété des meubles, de l'application de l'art. 2279 (*infra*, p. 52) ;

b) droit de préférence lui permettant d'être payé sur le prix de la chose avant les créanciers du détenteur ; c'est, notamment, en cas de saisie par un créancier du détenteur de la chose, que se manifeste le droit de préférence : le propriétaire de la chose reprendra, par préférence, la chose qui lui appartient et, si celle-ci a été vendue (et le prix non encore distribué), il sera payé par préférence.

B. — Droit absolu, exclusif et perpétuel.

1. Droit absolu : *le caractère absolu* du droit de propriété est énoncé dans la définition légale ; — d'où résulte le droit pour le propriétaire d'user, de jouir et de disposer de la chose, comme il l'entend, même en la détruisant.

2. Droit exclusif : *seul le propriétaire de la chose* peut en user, en jouir et en disposer ; — le propriétaire peut empêcher toute personne de faire acte de propriétaire (v. p. ex. art. 673).

3. Droit perpétuel : le droit de propriété *durant autant que la chose*, ne s'éteint pas par le non-usage ; imprescriptibilité de l'action en revendication (*infra*, p. 65), — *à la différence des autres droits réels* qui s'éteignent par le non-usage.

Mais si le propriétaire n'exerce pas son droit de propriété (portant sur un immeuble), il le perd au cas où un tiers l'a lui-même acquis entre temps par prescription acquisitive (*infra*, p. 46).

C. — Comportant de nombreuses limitations : après avoir défini la propriété, l'art. 544 ajoute « ... pourvu qu'on n'en fasse pas un usage prohibé par les lois et règlements », — d'où, de très nombreuses limitations, certaines dans le Code civil, les plus nombreuses postérieures, aux caractères absolu, exclusif et perpétuel du droit de propriété (v. *infra*, p. 11) (1).

TITRE II. — **ÉTENDUE DU DROIT DE PROPRIÉTÉ**

CHAPITRE I. — **OBJET DU DROIT DE PROPRIÉTÉ**

Le droit de propriété porte :

1° sur **la chose elle-même ;**

2° sur tout ce qui peut être considéré comme **l'accessoire de la chose.**

a) « La propriété du sol emporte *la propriété du dessus et du dessous* ».

b) La propriété d'une chose mobilière ou immobilière comprend *ce qui s'incorpore à la chose.*

c) *Et ce qui est produit par la chose.*

d) Elle s'étend aux *eaux* qui tombent, jaillissent ou coulent sur le fonds.

(1) A tel point que l'on peut parfois se demander ce qui reste de la définition légale du droit de propriété (v. *infra*, p. 22, n. 1).

§ 1. — Propriété du dessus et du dessous.

« **La propriété du sol** emporte la propriété du dessus et du dessous » (art. 552, al. 1).

1. Propriété du dessus.

1. « Le propriétaire peut faire au-dessus toutes les plantations et constructions qu'il juge à propos » (art. 552, al. 2).
2. Il peut *s'opposer à tout empiètement* matériel sur son fonds même si les atteintes à son droit de propriété ne lui causent aucun préjudice ; p. ex., il peut *contraindre le voisin* à couper les branches débordant au-dessus de son sol (art. 673, al. 1) ; s'opposer à tout passage de cable au-dessus de son fonds (1).

2. Propriété du dessous (2).

1. Le propriétaire peut « faire au-dessous toutes les constructions et fouilles qu'il jugera à propos ... » (art. 552, al. 3).
2. Il peut s'opposer à tout empiètement matériel sur son fonds ; ex. droit de couper *lui-même* les racines qui avancent sous son sol (art. 673, al. 2).

Limitations au droit de propriété du dessus et du dessous (*infra*, p. 13).

§ 2. — Propriété de ce qui est produit par la chose.

« La propriété d'une chose soit mobilière, soit immobilière donne droit *sur tout ce qu'elle produit* ... » (art. 546).

Distinction : fruits et produits.

1. Fruits.

Ce que la chose produit *périodiquement sans diminution de sa substance ;* p. ex. les fruits des arbres.

Différentes sortes de fruits.

1. *Fruits naturels* que la chose produit spontanément,
   — soit d'elle-même sans le travail de l'homme : *fruits naturels proprement dits* ; p. ex. les fruits des arbres ;
   — soit par le travail de l'homme : *fruits industriels* ; p. ex. les récoltes des champs.

(1) Sous réserve de servitudes établies par un texte légal ou réglementaire ; p. ex. s'il s'agit de cables destinés à la distribution de l'électricité.
(2) Sur la propriété du *trésor*, v. *infra*, p. 50.

2. *Fruits civils* : revenus en argent ; p. ex. le loyer d'une maison.

2. Produits : ce que la chose produit *sans périodicité et en diminuant sa substance* ; ex. les pierres d'une carrière.

§ 3. — Propriété de ce qui s'incorpore à la chose.

« La propriété d'une chose soit mobilière, soit immobilière donne droit ... sur ce qui s'y unit accessoirement soit naturellement soit artificiellement. Ce droit s'appelle *droit d'accession* » (art. 546).

A. Accession au profit d'un immeuble (1).

a) Accession *naturelle* résultant :

— de la venue de *certains animaux* qui se fixent sur le fonds, venant d'un autre fonds, à condition qu'ils n'y aient pas été attirés par fraude ; p. ex. pigeons changeant de colombier (art. 564) (2), abeilles désertant leurs ruches (v. C. rur., art. 209).

— des *atterrissements des cours d'eaux* ; p. ex. *l'alluvion* (*infra*, p. 60).

b) Accession du fait de l'homme : constructions et plantations sur le terrain d'autrui — ou, sur son propre terrain, avec les matériaux d'autrui (*infra*, p. 61).

B. Accession au profit d'un meuble ; p. ex. *l'adjonction* (*infra*, p. 00).

§ 4. — Propriété des eaux.

Règles particulières en raison de ce que l'eau constitue un élément indispensable à la vie de l'homme.

Différentes sortes d'eaux ; — 1. eaux qui tombent : *eaux de pluie* ; — 2. eaux qui jaillissent : *eaux de sources* ; — 3. eaux qui coulent : *cours d'eaux*.

1. — Eaux de pluie.

Le propriétaire du sol est propriétaire des eaux qui *tombent* sur son fonds (art. 641, al. 1).

(1) Sur l'*accession*, mode d'acquisition de la propriété, v. *infra*, p. 59.

(2) Mais non les animaux de basse-cour qui s'enfuient dans les propriétés voisines et qui « ne cessent pas d'appartenir à leur maître quoiqu'ils les aient perdus de vue », au moins pendant « un mois après la déclaration qui doit être faite à la mairie par les personnes chez lesquelles ces animaux se sont enfuis » (C. rur. art. 202).

Il peut en faire ce qu'il veut : les capter ou les laisser couler.

Mais « si l'usage de ces eaux ou la direction qui leur est donnée aggrave la servitude naturelle d'écoulement » (v. art. 640), indemnité est due au propriétaire du fonds inférieur (art. 641, al. 2).

2. — Eaux de source.

La source appartient au propriétaire du sol, qu'il s'agisse :

— de *sources proprement dites* (art. 641, al. 3) ;

— ou *d'eaux souterraines* que le propriétaire fait jaillir sur son fonds par des sondages ; les propriétaires des fonds inférieurs sont tenus de recevoir les eaux qui en proviennent, mais moyennant indemnité si un dommage a été causé (art. 461, al. 4).

Le propriétaire peut faire ce qu'il veut de l'eau (malgré les termes de l'art. 642, al. 1 qui précise « dans les limites et pour les besoins de son héritage »).

Mais, pour l'écoulement de ces eaux, mêmes restrictions que pour les eaux de pluie.

Restrictions.

1. *Cas où l'eau est nécessaire aux habitants d'une agglomération* : impossibilité de modifier l'écoulement (art. 642, al. 3).

2. *Cas où la source, à la sortie du fonds, forme un cours d'eau* : impossibilité de le détourner de son cours naturel (art. 643).

3. *Eaux minérales* : réglementation particulière (C. santé publ. art. 735 et s.).

3. — Cours d'eau : trois sortes de cours d'eau (loi du 26 déc. 1964 tit. II (1) 1. *cours d'eaux domaniaux* ; — 2 cours d'eau *non domaniaux* ; — 3 cours d'eau *mixtes*.

A. Cours d'eau domaniaux (loi de 1964, art. 28 et s.).

Ceux qui font partie du *domaine public fluvial*

Notamment (v. loi de 1964, art. 29) : les parties navigables ou flottables d'un cours d'eau ou d'un lac, déterminées par décret ; les rivières canalisées ; les canaux de navigation ; les étangs ou réservoirs d'alimentation ; les ports publics construits dans le lit ou sur les bords des voies navigables ou flottables.

Réglementation relevant du droit administratif.

(1) Dont certaines dispositions ont été intégrées dans le *Code du domaine public fluvial* (cours d'eaux domaniaux) et dans le *Code rural* (cours d'eau non domaniaux), art. 97 et s.

B. Cours d'eau non domaniaux (loi de 1964, art. 24 et s.).

Ceux qui *n'appartiennent pas au domaine public fluvial.*

1. Droit de toute personne.

Toute personne peut utiliser les eaux courantes : p. ex. y puiser de l'eau pour ses besoins domestiques, y laver du linge, s'y baigner, y circuler en bateau.

Mais à condition d'avoir directement accès à l'eau par une voie publique, les propriétaires riverains n'étant pas tenus de laisser passage au public ; — et sans prendre pied sur la berge.

Et sous réserve du droit des propriétaires riverains (qui sont propriétaires du lit et, sinon de l'eau, de l'espace au-dessus) de s'opposer à la circulation en bateau, en disposant des obstacles matériels.

2. Droit des propriétaires riverains.

a) Déterminés par les **règlements d'eau** « de manière à concilier les intérêts des diverses catégories d'utilisateurs de leurs eaux, avec le respect dû à la propriété et aux droits et usages antérieurement établis, après enquête d'utilité publique, par arrêté du ministre dont relève le cours d'eau » (C. rur., art. 104).

Les règlements d'eau peuvent être établis

— soit *par l'autorité administrative* (C. rur. art. 103).

— soit *par les tribunaux de l'ordre judiciaire* à l'occasion d'un conflit entre riverains ; p. ex. si le riverain supérieur ne laisse au riverain inférieur qu'une quantité d'eau insuffisante : le tribunal peut alors non seulement départager les parties, mais aménager pour l'avenir les droits de chacun.

b) Sous réserve des règlements d'eau, le propriétaire riverain a

1° La propriété du lit :

— il peut, seul, en extraire « tous les produits naturels », sable, pierres, etc. (C. rur., art. 98, al. 3) ;

— mais ne peut rien faire qui modifie le régime des eaux (p. ex. un barrage pour alimenter une usine), sans autorisation administrative (C. rur., art. 106).

Cas où le cours d'eau sépare des fonds appartenant à des propriétaires différents : le lit appartient à chacun des deux propriétaires riverains, par moitié, suivant une ligne médiane.

2° Des droits sur l'eau : droit à l'usage de l'eau (art. 644).

a) Droit du riverain d'un seul côté : peut se servir de l'eau à son passage

— pour « l'irrigation de ses propriétés » et tous autres usages ;

— même pour l'irrigation de terres non riveraines (grâce aux servitudes d'appui et d'acqueduc qu'il peut imposer aux fonds intermédiaires (v. *infra*, p. 20, 21) ;

— pour des besoins industriels (C. rur., art. 123 et s.).

b) Droit du propriétaire dont le fonds est traversé par le cours d'eau : peut, en outre,
- — utiliser le cours d'eau comme il l'entend (p. ex. le diviser en plusieurs bras, former des étangs) ;
- — mais à charge de le rendre, à la sortie du fonds, « à son cours ordinaire » (art. 644, al. 1) et sans diminution anormale de son débit.

C. Cour d'eau mixtes (loi de 1964, art. 35 et s.).

Cours d'eau *non domaniaux, classés dans la catégorie des cours d'eau mixtes* après enquête d'utilité publique, par décret en Conseil d'Etat.

Régime.

a) L'usage de l'eau appartient à l'Etat, sous réserve des droits acquis par les riverains dans les termes de l'art. 644, à la date du classement.

b) Le lit appartient aux riverains.

4. — Energie hydraulique : « Nul ne peut disposer de l'énergie ... des cours d'eau, quel que soit leur classement, sans une concession ou une autorisation de l'Etat » (loi du 16 oct. 1919 mod.).

CHAPITRE II. — RESTRICTIONS AU DROIT DE PROPRIÉTÉ

SECTION 1. — RESTRICTIONS AU DROIT DE PROPRIÉTÉ DANS L'INTÉRÊT GÉNÉRAL.

Ce sont ces restrictions, de plus en plus nombreuses, *qui ont fait perdre au droit de propriété son caractère absolu.*

§ 1. — Restriction d'ordre général à la propriété mobilière et immobilière : réquisition et nationalisation.

A. — Requisition : acte par lequel l'autorité publique, dans les cas déterminés par la loi, impose à un particulier une prestation, moyennant indemnité.

Cas.

1. Réquisitions militaires prévues, à l'origine, en vue de la défense nationale et applicables à certains biens et services énumérés, ainsi qu'à « tous autres objets et services dont la fourniture est nécessitée par l'intérêt militaire » (loi du 3 juill. 1877).

2. Réquisitions civiles, applicables à tous les biens meubles et immeubles, en propriété et en usage, dans les cas prévus par la loi « pour assurer les besoins du pays » (loi du 11 juill. 1938 sur l'organisation de la nation en temps de guerre, tit. II, mod. par la loi du 8 janv. 1959 et déc. d'appl. du 26 mars 1962).

3. Réquisitions pour logement d'office (C. urb., déc. du 26 juill. 1954, art. 342 et s.) : droit pour l'autorité administrative « de procéder ... à la prise de possession partielle ou totale des locaux à usage d'habitation vacants, inoccupés ou insuffisamment occupés, en vue de les attribuer aux personnes visées à l'article 346 » et, notamment, aux personnes « dont le défaut de logement est de nature à apporter un trouble grave à l'ordre public », — en fait, à toute personne non logée ou insuffisamment logée.

B. — Nationalisation : expropriation législative des droits des propriétaires ou, plus souvent, des actionnaires de sociétés, exploitant des firmes industrielles ou commerciales, considérées comme utiles à la Nation ou à l'intérêt général, et dont la propriété est transférée des mains des propriétaires ou actionnaires aux mains de l'Etat, moyennant indemnisation sous différentes formes ; p. ex. la nationalisation des chemins de fer substituant la S.N.C.F. aux anciennes Compagnies ; des entreprises de gaz et d'électricité (E.D.F.) ; de certaines banques ; de nombreuses compagnies d'assurance ; d'établissements particuliers (Renault, Air France etc.).

§ 2. — Restrictions concernant la propriété foncière (1).

A. — Restrictions à la propriété du sol.

1. Limitations au caractère absolu de la propriété du sol.

a) Obligation de faire certains actes ; p. ex. un propriétaire peut être obligé d'*assécher* un étang insalubre (C. rur., art. 134).

b) Interdiction de faire certains actes ; p. ex. au cas où le sol constitue un site *classé* : interdiction d'y apporter aucune modification sans autorisation administrative (loi du 2 mai 1930, art. 9 et 12) (2).

(1) Sur les restrictions *tenant au voisinage des fonds, infra*, p. 16.

(2) On peut ajouter la restriction au droit de propriété résultant de la création de servitudes de cours communes imposée par l'autorité judiciaire (*infra*, p. 86) qui constitue une véritable expropriation au profit d'un particulier.

2. Limitations au caractère exclusif de la propriété du sol.

Notamment : obligation de *supporter, dans certains cas, l'occupation de la propriété* ; p. ex. l'obligation pour le propriétaire riverain d'un cours d'eau navigable ou flottable de laisser, sur la rive, un chemin de halage : *servitude du marchepied* (art. 650).

3. Limitations au caractère perpétuel de la propriété du sol.

a) L'expropriation pour cause d'utilité publique.

« Nul ne peut être contraint de céder sa propriété *si ce n'est pour cause d'utilité publique* et moyennant une juste et préalable indemnité » (art. 545).

b) Autres atteintes au caractère perpétuel de la propriété : le *remembrement* des propriétés rurales, consistant en « une nouvelle distribution des parcelles morcelées ou dispersées », dans le but d'améliorer l'exploitation agricole et tendant « à constituer des exploitations rurales d'un seul tenant ou à grandes parcelles bien groupées » (C. rur., art. 19).

B. — Restrictions à la propriété du dessus.

1. Limitations au caractère absolu de la propriété du dessus.

a) Obligation de faire certains actes ; p. ex. de *démolir* les immeubles menaçant ruine, s'ils bordent la voie publique (loi du 21 juin 1898, art. 3) ; — de *planter* ; p. ex. l'obligation de reboiser (C. for., art. 198 et s.).

b) Interdiction de faire certains actes, notamment

— *de construire* sans permis de l'autorité administrative (C. urb. déc. du 8 nov. 1973, art. 421-1) (1) ;

— *de lotir* (c.-à-d. de diviser un fonds pour le vendre par lots), sans l'approbation de l'autorité administrative (loi du 15 juin 1943, art. 92) ;

— *de démolir* ; p. ex. les immeubles classés (loi du 31 déc. 1913 mod.).

2. Limitations au caractère exclusif de la propriété du dessus ; — p. ex. l'interdiction de s'opposer au passage des aéronefs ; mais « le droit pour un aéronef de survoler les propriétés privées ne peut s'exercer dans des conditions telles qu'il entraverait l'exercice du droit de propriété » (C. aviation, déc. du 30 nov. 1955, art. 18).

(1) *La notion de « construction »* est très largement entendue par la jurisprudence : sont des « constructions » soumises à permis, outre les constructions proprement dites, qu'elles soient à usage d'habitation ou non, les travaux exécutés sur des constructions existantes, p. ex. les surélévations ; toutes modifications extérieures, p. ex. la reconstruction en maçonnerie d'une paroi en planches ; toute construction même ne comportant pas de fondations, p. ex. un bâtiment préfabriqué reposant sur des parpaings, un bungalow sur pilotis, un abri de jardin fixe, et même une caravane rendue fixe tout en restant montée sur roues ; de même, un meuble immobilisé, telle une péniche amarrée à poste fixe et de façon durable.

3. Limitations au caractère perpétuel de la propriété du dessus ; — p. ex.

— *l'expropriation pour cause d'utilité publique*, portant sur un terrain, porte également sur les constructions et plantations ;

— *la cession forcée de la mitoyenneté* d'un mur (*infra*, p. 33).

C. — Restrictions à la propriété du dessous.

1. Limitations au caractère absolu de la propriété du dessous ; p. ex. l'interdiction de faire des fouilles et excavations sans observer certaine distance le long des routes (Règl. gén. du 6 déc. 1970) ou des voies ferrées (loi du 15 juill. 1845, art. 5 à 16).

2. Limitations au caractère exclusif de la propriété du dessous : régime des gisements souterrains.

3. Limitations au caractère perpétuel de la propriété du dessous : l'expropriation pour cause d'utilité publique, qui porte également sur la propriété du dessous ; — les limitations résultant du régime des gisements souterrains.

4. Le régime des gisements souterrains : les mines et les carrières (Code minier, déc. du 16 avril 1956 mod.) (1).

A. Régime des mines.

Mines : gisements contenant les substances énumérées par le déc. de 1956 (houille, lignite, ou autre combustible, etc.) et celles pouvant être ajoutées par décrets (art. 2).

Régime :

a) Travaux de recherches par le propriétaire de la surface ou, avec son consentement, par un tiers après déclaration au préfet, — ou, à défaut du consentement du propriétaire, soit en vertu d'une *autorisation ministérielle*, soit en vertu d'un *permis exclusif de recherches*, permis accordé pour trois ans (2) pouvant être prolongé à ceux reprises chaque fois pour trois ans ;

(1) **Historique** : *a) Code civil* : le propriétaire du sol avait seul le droit d'exploiter le gisement souterrain, ce qui constituait un obstacle, par suite du morcellement des fonds entre les divers propriétaires de la surface, à l'exploitation rationnelle du gisement ; aussi le Code civil, art. 552, al. 3 réservait-il déjà les restrictions qui pourraient résulter « des lois et règlements relatifs aux mines » ; — *b) loi du 21 avril 1810* : divise les gisements souterrains en *mines, minières* et *carrières*, suivant la nature des substances les constituant et dispose que les mines ne pourront être exploitées qu'en vertu d'une autorisation administrative ; — *c) déc. du 16 août 1956* portant *Code minier* : maintient la distinction des mines, minières et carrières ; — *d) loi du 2 janv. 1970* supprime la catégorie des gisements qualifiés *minières* et modifie un certain nombre de dispositions du déc. de 1958.

(2) Cinq ans pour les hydrocarbures.

b) Exploitation, exclusivement par l'Etat, — ou en vertu d'un permis d'exploitation ou d'une concession (1).

— **permis d'exploitation** : accordé par arrêté ministériel, en général pour les gisements de moindre importance, pour une durée de cinq ans (2), deux fois renouvelable. — et conférant au titulaire, outre le droit exclusif d'exploiter, un droit réel immobilier distinct de la propriété de la surface, non susceptible d'hypothèque et ne pouvant être cédé qu'avec autorisation ministérielle ; — le permis d'exploitation ne confère aucun droit de préférence pour l'obtention ultérieure d'une concession ;

— **concession** accordée, pour les gisements importants par décret en Conseil d'Etat — comportant un cahier des charges annexé à l'acte institutif, fixant notamment l'étendue et la durée de la concession, durée qui peut être prolongée indéfiniment ; — la concession confère au concessionnaire un droit réel immobilier susceptible d'hypothèque.

Si la concession est accordée à un groupe de personnes non constitué en société, le groupe est tenu de se constituer en société commerciale ; — l'exploitation d'une mine est un acte de commerce.

Droits du propriétaire de la surface : s'il y a permis d'exploitation, le propriétaire de la surface a droit à une *redevance tréfoncière* dont le taux et les modalités sont fixés par un règlement d'administration publique ; — s'il y a concession, ses droits sont réglés par le décret de concession ; — le propriétaire de la surface, lorsque le concessionnaire a été autorisé à l'occuper en partie en vue d'y établir des installations nécessaires à l'exploitation, a droit à une indemnité ; — il peut sans avoir à faire la preuve d'une faute du concessionnaire, réclamer des dommages-intérêts en réparation des dommages causés par les travaux du concessionnaire (p. ex. éboulement de sol), sauf rémunération possible par avance du propriétaire.

B. Régime des carrières.

Carrières : gisements de substances autres que celles constituant des mines, p. ex. pierres à bâtir, gravier, sable.

Régime : « ... laissées à la disposition du propriétaire du sol » (art. 105) ; mais la mise en exploitation est subordonnée à une autorisation délivrée par le préfet.

(1) Sans que le propriétaire de la surface ou l'inventeur ait un droit de préférence : — mais l'inventeur qui n'obtient pas la concession a droit à une indemnité à la charge du concessionnaire, réglée par l'acte de concession.

(2) Sauf pour les hydrocarbures dont l'exploitation ne peut être poursuivie que sous forme de concession si la production a dépassé un certain tonnage.

SECTION 2. — **RESTRICTIONS AU DROIT DE PROPRIÉTÉ TENANT AU VOISINAGE DES FONDS.**

1. Obligation d'observer *certaines distances* pour les plantations et certaines constructions.
2. Même obligation pour *l'ouverture des vues.*
3. Obligation de *supporter le passage* en cas d'enclave.
4. Obligation de se soumettre *au bornage* et à la *clôture.*
5. Obligations résultant du *régime des eaux.*
6. Obligation générale à *ne pas causer de dommage* aux propriétaires voisins.

§ 1. — Obligation d'observer certaines distances pour les plantations et certaines constructions.

a) Plantations (art. 671 et s.).

Obligation de ne faire de plantations qu'à une certaine distance de la ligne séparative des fonds, distance fixée par des « règlements particuliers » ou les usages locaux, — et, à défaut, *deux mètres* pour les plantations dont la hauteur dépasse deux mètres, *un demi-mètre* pour les autres (1).

Sanction : le voisin peut exiger que les plantations soient « arrachées, ou réduites à la hauteur déterminée » ; — à moins qu'il n'y ait titre, prescription trentenaire (*infra*, p. 46) ou destination du père de famille (*infra*, p. 89).

b) Certaines constructions (art. 674) : notamment, puits, fosses d'aisances, cheminées, fours, étables, édifiés « près d'un mur mitoyen ou non ».

Obligation d'observer la distance « prescrite par les règlements et usages particuliers », — ou, à défaut, de faire les travaux nécessaires « pour éviter de nuire au voisin ».

§ 2. — Obligation d'observer certaines distances pour l'ouverture des vues.

Interdiction de pratiquer, à volonté, des ouvertures dans un mur bordant le fonds voisin, ou à proximité de la ligne séparative des fonds ; — *justification* : empêcher de satisfaire des curiosités incompatibles avec les relations de bon voisinage.

(1) Règle s'appliquant à toute plantation, même croissant spontanément.

Murs mitoyens et murs non mitoyens.

1. Mur mitoyen (v. définition, *infra*, p. 32) : interdiction pour chacun des deux copropriétaires de pratiquer des ouvertures « en quelque manière que ce soit, même à verre dormant » (1), sans l'accord du voisin (art. 675).

2. Mur non mitoyen : jours et vues

a) Jours dits « *de souffrance* » (art. 676 et 677) : ouvertures grillagées et vitrées fixes « à fer maillé et verre dormant « (1), permettant seulement de recevoir la lumière, établis à une hauteur telle qu'on ne puisse regarder sur le fonds voisin.

« Le propriétaire d'un mur *non mitoyen* joignant immédiatement l'héritage d'autrui », peut y pratiquer des jours, mais seulement :

— *au rez de chaussée, à vingt-six décimètres* au-dessus du plancher ;

— *aux étages, à dix-neuf décimètres* (2).

b) Vues (art. 678 et s.) : fenêtres ordinaires qu'on peut ouvrir et fermer.

Deux sortes de vues :

1. Vues *droites* « ou fenêtres d'aspect » pratiquées dans un mur parallèle ou à peu près, à la ligne séparative.
2. Vues « par côté ou *obliques* », dans un mur perpendiculaire ou à peu près, à la ligne séparative.

Obligation.

a) Mur bordant immédiatement le fonds voisin : seulement des jours de souffrance.

b) Mur séparé du fonds voisin par une certaine distance (3) :

— *vues droites*, à une distance de *dix-neuf décimètres*, — à moins que le fonds ou la partie du fonds sur lequel s'exerce la vue, ne soit déjà grevé, au profit du fonds qui en bénéficie, d'une servitude de passage faisant obstacle à l'édification de constructions ;

— *vues obliques, à six décimètres.*

§ 3. — Obligation de supporter le passage en cas d'enclave.

Enclave : situation d'un fonds qui, entouré par des fonds voisins, est privé d'accès à la voie publique ou n'a qu'un accès insuffisant.

(1) « A fer maillé » : garnis d'un treillis de fer ; — « à verre dormant » ; qui, ne s'ouvrant jamais, ne laissent passer que la lumière.

(2) Il est admis toutefois qu'une paroi en briques translucides pour éclairer un immeuble, ne permettant pas de satisfaire une curiosité indiscrète, échappe à la réglementation des jours et vues.

(3) Mêmes règles pour les « balcons ou autres semblables saillies ».

Droit pour le propriétaire enclavé de passer sur le ou les fonds qui le séparent de la voie publique, — « à charge d'une indemnité proportionnée au dommage » (art. 682).

Conditions (v. art. 683 et s.).

1. Que le fonds enclavé n'ait « sur la voie publique *aucune issue* ou qu'une *issue insuffisante*, soit pour l'exploitation *agricole industrielle* ou *commerciale* de la propriété, soit pour la *réalisation d'opérations de construction ou de lotissement* ».

2. Et que l'enclave ne soit pas le fait volontaire du propriétaire enclavé, p. ex. s'il a élevé une construction qui l'isole de la voie publique (1).

Aménagement du passage.

Le passage concerne non seulement celui de l'homme à pied, en voiture, avec du bétail etc., mais aussi *toutes les communications indispensables à l'exploitation du fonds enclavé* ; p. ex. adduction de l'eau, du gaz, de l'électricité.

a) Le passage peut s'exercer *sur tous les fonds qui séparent le fonds enclavé de la voie publique*, même s'il s'agit de fonds clos ou attenant aux habitations, ou de fonds dépendant du domaine public.

b) Il doit « être *pris du côté où le trajet est le plus court* » ; — mais « il doit être fixé à *l'endroit le moins dommageable* à celui sur le fonds duquel il est accordé ».

c) « *Si l'enclave résulte de la division d'un fonds* » en vertu d'un contrat, p. ex. d'une vente, le passage « ne peut être demandé que sur le terrain qui a fait l'objet de l'acte », à moins qu'un passage suffisant ne puisse être établi sur ce fonds (art. 684) ; auquel cas le passage peut être demandé suivant l'art. 682.

d) Il peut être *aérien*, notamment pour les exploitations en montagne, — ou *souterrain*, p. ex. pour les adductions d'eau, de gaz, d'électricité.

e) Dans tous les cas, il est *fonction des besoins de l'exploitation*, tant pour son assiette que pour son mode d'exercice (2) — et peut être *modifié* sur la demande du propriétaire enclavé s'il change la destination ou le mode d'exploitation de son fonds, p. ex. s'il transforme en exploitation agricole un fonds habité bourgeoisement, ou s'il vient à exploiter une carrière sur le fonds enclavé : le passage devra permettre celui des véhicules nécessaire au nouvel état des lieux.

f) L'assiette et le mode d'exercice du passage sont fixés :

— soit *par convention* entre les intéressés ;

— soit, à défaut, *par justice* ;

— ou « *par trente ans d'usage continu* » (art. 685, al. 1) ; — mais à condition que la possession réunisse les qualités requises et que l'itinéraire du passage soit unique et déterminé ; ces conditions réunies, si le propriétaire enclavé ou ses ayants droit ont passé d'une

(1) Mais peu importe que l'enclave résulte de la division des fonds par un auteur commun.

(2) *L'assiette* est l'emplacement affecté au passage ; — *le mode d'exercice* est la manière dont le passage est exercé.

manière continue pendant trente ans à travers le fonds voisin, l'assiette et le mode d'exercice du passage sont définitivement fixés ; *le propriétaire du fonds traversé* a perdu le droit de demander la fixation d'une assiette moins dommageable, p. ex. plus courte, et *le propriétaire du fonds enclavé*, celui de réclamer une assiette plus commode ; sous réserve toutefois de la modification toujours possible de l'assiette et du mode d'exercice en cas de changement dans l'exploitation ; — *mais c'est seulement l'assiette et le mode d'exercice du passage qui sont acquis par prescription*, non le droit de passage lui-même qui, résultant directement de la loi, ne peut être acquis par prescription.

Indemnisation :

Le propriétaire qui réclame le passage doit au propriétaire du fonds traversé, une indemnité proportionnée au préjudice subi par ce dernier, fixée amiablement ou judiciairement.

Consistant en un capital versé une fois pour toutes ou en annuités.

L'indemnisation n'est pas préalable (comme en matière d'expropriation).

Le droit de réclamer l'indemnité se prescrit par trente ans du jour où le passage a commencé à s'exercer.

Cessation de l'enclave.

Notamment, si le propriétaire enclavé acquiert un fonds contigu ayant accès sur la voie publique, — ou si une voie publique est créée à laquelle le fonds enclavé aurait un accès direct : le propriétaire du fonds peut alors, à tout moment, invoquer l'extinction du droit de passage, quelle que soit la manière dont l'assiette et le mode d'exercice du passage ont été déterminés (art. 685-1).

§ 4. — Obligation de se soumettre au bornage et à la clôture.

A. — Bornage (art. 646) : opération consistant à fixer les limites de deux fonds contigus et à placer des bornes ou autres signes de délimitation.

Obligation : tout propriétaire peut obliger son voisin au bornage, « à frais commun ».

B. — Clôture (art. 647) : construction d'un mur ou d'une clôture quelconque, séparatif de deux fonds.

Droit de se clore : « Tout propriétaire peut clore son héritage », — *sauf* :

— « l'exception portée à l'art. 682 » : cas où un droit de passage est accordé par la loi au fonds voisin enclavé ;

— d'une façon générale, limitation du fait de l'obligation de ne pas mettre obstacle à l'exercice d'une servitude dont serait grevé le fonds au profit d'un autre fonds ;

— pour les terrains sur lesquels existe un droit de *vaine pature* : droit que peuvent avoir les habitants d'une commune, de faire paître leurs troupeaux sur toutes les terres non closes après enlèvement des récoltes (v. C. rur. art. 179 et s.) ;

— le cas où le propriétaire d'un fonds a expressément renoncé au droit de se clore.

Le propriétaire qui veut se clore ne peut obliger le propriétaire voisin à participer aux frais.

§ 5. — Obligations résultant du régime des eaux.

1. Ecoulement des eaux.

Obligation : les fonds inférieurs sont tenus de recevoir les eaux de pluie ou de source qui découlent « *naturellement*, sans que la main de l'homme y ait contribué » (art. 640, al. 1) (1).

En conséquence (art. 640, al. 2 et 3),

1. « Le propriétaire inférieur ne peut point élever de digue pour empêcher cet écoulement » ;
2. « Le propriétaire supérieur ne peut rien faire qui aggrave la servitude du fonds inférieur ».

Cas où est permise l'aggravation du fait du propriétaire : lorsque les eaux sont utilisées dans un but agricole ou industriel (2) ;

— si le propriétaire supérieur *fait usage* des eaux ou leur *donne une direction* aggravant la servitude d'écoulement, le propriétaire inférieur est tenu de les recevoir, moyennant indemnité (art. 641, al. 2) ;

— si par des sondages ou travaux souterrains, le propriétaire supérieur *fait surgir des eaux* dans son fonds, le propriétaire inférieur est tenu de les recevoir, moyennant indemnité « en cas de dommages résultant de leur écoulement » (art. 641, al. 4) (2).

2. Egout des toits : « Tout propriétaire doit établir des toits de manière que les eaux pluviales s'écoulent sur son terrain ou sur la voie publique », non directement sur le fonds voisin (art. 681) ; — mais, une fois tombées sur le fonds du propriétaire du bâtiment, elles peuvent s'écouler *naturellement* sur le fonds inférieur (3).

3. Irrigation et drainage.

a) Servitude d'aqueduc : le propriétaire riverain peut, pour irriguer des terres ou alimenter en eau sa maison d'habitation, éloignées du

(1) Donc pas les eaux ménagères, ni les eaux découlant des toits.

(2) Et sauf si le fonds inférieur comporte des « maisons, cours, jardins, parcs et enclos attenant aux habitations » (art. 641, al. 5).

(3) La règle ne vise pas le cas où une maison borde la voie publique.

cours d'eau, obtenir le passage de l'eau sur les fonds intermédiaires « par conduite souterraine » (C. cur., art. 123) (1).

b) Servitude d'appui : le riverain d'un cours d'eau « dont il a le droit de disposer », peut, s'il veut se servir de l'eau, appuyer, sur la propriété du riverain opposé, les ouvrages nécessaires (C. rur., art. 126) (1).

c) Servitude d'écoulement : le propriétaire, qui veut *drainer* ses terres, peut faire passer les eaux « souterrainement ou à ciel ouvert » sur les fonds intermédiaires qui séparent le fonds d'un cours d'eau ou de toute autre voie d'écoulement (C. rur. art. 135) (1).

Indemnisation : ces servitudes sont acquises moyennant indemnité.

§ 6. — Obligation générale de ne pas causer de préjudice aux propriétés voisines.

1. — Responsabilité du propriétaire dans les termes du droit commun.

Le propriétaire est responsable des *dommages* causés par *sa faute* aux propriétés voisines (appl. art. 1382 et 1383), par un **usage abusif** de son droit.

Il abuse de son droit :

a) lorsqu'il en use dans l'intention de nuire à ses voisins ; p. ex. en édifiant une fausse cheminée pour obscurcir la demeure du voisin ou lui boucher une vue, ou en pratiquant des fouilles dans son terrain pour tarir une source qui jaillit sur le fonds contigu ;

b) lorsque, sans l'intention de nuire et *ayant plusieurs manières d'exercer son droit, il l'exerce, sans en retirer un avantage appréciable, de la façon la plus défavorable au voisin* ; p. ex. si dans le but d'éviter les indiscrétions ou le jet des détritus, il construit un mur anormalement élevé et plein, fermant la cour du voisin et obscurcissant plusieurs étages de la maison ;

c) lorsque sans intention de nuire, et n'ayant aucun autre moyen de le faire, il ne prend pas toutes les mesures nécessaires pour ne pas nuire aux voisins ; p. ex. engage sa responsabilité, le médecin qui, usant d'un appareil de radiothermie, rend impossible le fonctionnement des appareils radiophoniques d'un commerçant voisin, vendeur de ces appareils, alors qu'il aurait pu remédier à ces inconvénients par un dispositif approprié.

(1) Les maisons et les cours et jardins attenant sont exemptés de cette servitude.

2. — Responsabilité du propriétaire qui cause aux propriétaires voisins un dommage excédant les inconvénients ordinaires du voisinage.

En principe, le propriétaire est responsable des dommages *excédant les inconvénients ordinaires du voisinage.*

P. ex. du fait qu'une usine produit des odeurs insupportables, des émanations nocives, des bruits excessifs.

a) Souvent, *la loi ou des règlements administratifs* soumettent l'implantation de telle industrie, p. ex. un établissement insalubre à une autorisation préalable, — ou, l'implantation restant libre, prescrivent des mesures pour supprimer ou atténuer les inconvénients de l'exploitation ; p. ex. de munir les appareils industriels de dispositifs propres à empêcher les fumées : en ne se soumettant pas aux règles impérativement édictées pour l'exploitation de son établissement, le propriétaire engage sa responsabilité civile et même pénale.

b) Mais en dehors de la violation d'une prescription légale ou réglementaire et en l'absence même de toute faute ou négligence, il est admis que le propriétaire ne peut exercer son droit de propriété dans des conditions qui causent aux voisins un dommage *excédant les inconvénients ordinaires du voisinage.*

Aucun texte ne définit « l'inconvénient ordinaire du voisinage » : c'est une question de fait soumise à l'appréciation des tribunaux, — mais très largement interprétée (1).

1. La notion d'inconvénient ordinaire du voisinage varie avec les circonstances ; ainsi un dommage, p. ex. celui qui résulte du bruit d'une usine, peut être considéré comme normal dans un faubourg industriel et ne pas l'être dans un quartier résidentiel.
2. L'antériorité de l'exploitation de l'auteur du dommage ne suffit pas (en principe et sous réserve d'opinions divergentes, p. ex. s'il s'agit du voisinage d'aérodromes) à écarter sa responsabilité.
3. La responsabilité du propriétaire subsiste, même s'il a reçu l'autorisation administrative d'exploiter.

3. — Réparation du préjudice : les tiers lésés peuvent obtenir

— *des dommages-intérêts ;*

— *la défense faite à l'auteur du trouble d'y persévérer dans l'avenir,* au besoin sous astreinte (2) ; — à moins que l'activité dommageable n'ait

(1) Ainsi un arrêt de la Cour de cassation (Civ. 3e ch., 18 juill. 1972, Dalloz, 1974.73) a considéré qu'engageait sa responsabilité, le propriétaire qui, en l'absence de toute faute et dans l'exercice légitime de son droit de propriété, construisait sur son terrain, un immeuble, en l'espèce de quatre étages, « privant de tout ensoleillement » le fonds voisin, et causant un préjudice d'agrément, alors même qu'avaient été observés les règlements d'urbanisme en vigueur ; — même solution, Civ. 3e ch., 27 nov. 1979, D. 80, Inf. rap. 207, construction privant de la vue sur le paysage.

(2) *Astreinte* : procédé indirect de contraintes consistant dans la condamnation du débiteur au paiement de telle somme d'argent, 50 F, 500 F par jour de retard à exécuter l'obligation, V. *Mémento de droit civil. Les obligations* 8e éd., p. 96.

reçu l'autorisation de l'administration, auquel cas seul des dommages-intérêts peuvent être accordés, mais qui pourraient être d'un montant tel que l'exploitation devrait, en fait, cesser.

SECTION 3. — RESTRICTIONS CONVENTIONNELLES AU DROIT DE PROPRIÉTÉ.

Le propriétaire peut, par convention, apporter des restrictions à son droit de propriété.

A. Restriction au droit d'user et de jouir de la chose ; p. ex. en constituant un droit d'usufruit au profit d'un tiers ; — constitution soumise à la *publicité foncière* (déc. du 4 janv. 1955, art. 28, 1° a).

B. Restriction au droit de disposer de la chose.

a) Cas prévus par la loi, dans un intérêt familial.

1. *Dans l'intérêt d'un propriétaire futur* : la **substitution** ; clause par laquelle on donne ou lègue un bien à une personne, à charge par le bénéficiaire, appelé *grevé*, de conserver ce bien sa vie durant et de le rendre, après sa mort, à telle autre personne, nommée *appelée* ; — acte en principe prohibé ; mais permis dans certains cas ; ex. père et mère au profit des petits-enfants et sous certaines conditions (art. 1048 et s.) ; — comme tout acte emportant restriction au droit d'aliéner, la substitution est soumise à la *publicité foncière* (1).
2. *Dans l'intérêt de la famille actuelle :* **le bien de famille** (loi du 12 juill. 1909 mod.) ; un mari sur ses biens personnels ou ceux de la communauté ou avec le consentement de sa femme, sur les biens de celle-ci soumis à son administration ; la femme seule sur les biens dont elle a l'administration ; le survivant des époux ou l'époux divorcé sur ses biens personnels etc. *peut constituer en bien de famille, inaliénable et insaisissable*, « soit une maison ou portion divise de maison, soit à la fois une maison et des terres attenantes ou voisines, occupées et exploitées par la famille, soit seulement des terres exploitées par la famille, soit une maison avec boutique ou atelier et le matériel et outillage le garnissant, occupés et exploités par une famille d'artisans » ; — à condition que la valeur du bien n'excède pas 50 000 F (chiffre fixé par la loi du 12 mars 1953 et inchangé à ce jour) ; — la constitution du bien de famille est soumise *à la publicité foncière* (déc. du 4 janv. 1955, art. 35-2°).

b) Les clauses d'inaliénabilité : clauses stipulant, notamment dans une libéralité, que le gratifié ne pourra aliéner le bien qu'il reçoit.

(1) *V. Mémento de droit civil. Les successions* 6e éd., p. 166.

Conditions de validité (art. 900-1) : que la clause

1. se justifie par *l'intérêt légitime*
   — *du disposant* ; p. ex. si le disposant s'est réservé l'usufruit, n'ayant cédé que la nue-propriété et entend n'avoir à faire, dans l'avenir, qu'au gratifié lui-même ;
   — ou *de l'acquéreur* ; p. ex. si le disposant craint que celui-ci ne dilapide le bien ;
   — ou *d'un tiers* ; p. ex. s'il s'agit de biens légués à charge d'assurer une rente viagère à un tiers ;
2. ne soit stipulée *que pour un temps déterminé* : la clause serait nulle si l'inaliénabilité était perpétuelle ou même p. ex. pour la durée de la vie de l'acquéreur.

Publicité : pour l'information des tiers qui ont intérêt à connaître les clauses d'inaliénabilité frappant un bien, tout acte constatant des clauses d'inaliénabilité ou toutes autres restrictions au droit de disposer est soumis à la *publicité foncière* (déc. du 4 janv. 1955, art. 28, 2°) ; — à défaut, l'acte reste valable entre les parties, mais n'est pas opposable aux tiers qui auraient traité avec l'acquéreur au mépris de l'interdiction d'aliéner.

Effets de la clause d'inaliénabilité :

a) Le bien est rendu *inaliénable* et, en même temps, non susceptible d'être hypothéqué ; — et *insaisissable* par les créanciers du gratifié.

b) Si la clause d'inaliénabilité ne remplit pas les conditions requises, elle est nulle comme contraire à l'ordre public et réputée non écrite (appl. art. 900) ; — à moins qu'elle n'ait été déterminante de l'aliénation, auquel cas l'acte entier serait frappé de nullité.

Sanctions de l'inaliénabilité : si le gratifié aliène le bien,

— le disposant (ou ses héritiers) peuvent demander la *révocation de la libéralité* pour inexécution de la charge (art. 954) ;

— celui en faveur de qui l'inaliénabilité a été stipulée, le disposant, le gratifié le ou les tiers, peut demander *la nullité de l'aliénation.*

Dérogations au caractère obligatoire des clauses d'inaliénabilité : même si la clause d'inaliénabilité est valable (justifiée et temporaire), « le donataire ou le légataire peut être judiciairement autorisé à disposer du bien, si l'intérêt qui avait justifié la clause a disparu ou s'il advient qu'un intérêt plus important l'exige » (art. 901-1).

Prohibition des clauses pénales (1) : pour éviter que le respect des clauses d'inaliénabilité ne soit imposé par une clause pénale privant de la libéralité celui qui contesterait la validité de la clause ou demanderait l'autorisation d'aliéner, une telle clause est « réputée non écrite » (art. 900-1).

(1) *Clause pénale* : clause par laquelle les parties fixent elles-mêmes, d'avance, le montant des dommages-intérêts en cas d'inexécution par l'une d'elle de ses obligations v. *Mémento de droit civil, Les Obligations*, 8e éd., p. 103.

SECTION 4. — **RESTRICTIONS AU DROIT DE PROPRIÉTÉ DANS L'INTÉRÊT DE CERTAINES CATÉGORIES DE PERSONNES.**

C'est en considération de ces restrictions qu'apparaît, le plus sensiblement, la disparition progressive du droit de propriété.

Ex. : les lois sur les baux limitant, au profit du locataire, le droit du propriétaire de jouir de son immeuble en le donnant en location dans des conditions librement débattues ;

— *baux d'habitation* : loi du 1er sept. 1948, accordant au locataire dont le bail est expiré, le droit de se maintenir dans les lieux (art. 4) et limitant le prix du loyer (art. 26) ;

— *baux commerciaux* : en dernier lieu, déc. du 30 sept. 1953, mod., imposant une durée minimum de neuf ans (art. 3-1) ; donnant au locataire droit au renouvellement du bail, après son expiration (art. 4) ; limitant le droit de prévoir la révision périodique du loyer (art. 27) : tous les trois ans seulement et dans certaines limites ;

— *baux à ferme* : C. rur. art. 790 et s., imposant une durée minimum du bail, neuf ans ; accordant au fermier, si le bailleur aliène son bien, un droit de préemption qui lui permet de se substituer à l'acquéreur ; prévoyant des contrats-type, auxquels le bailleur doit se soumettre.

TITRE III. — **LES PROPRIÉTÉS COLLECTIVES**

Différentes formes de propriété collective : 1. la copropriété (ou indivision ; — 2. la propriété les biens des personnes morales ; — 3. la copropriété forcée.

SECTION 1. — **LA COPROPRIÉTÉ (OU INDIVISION).**

Il y a copropriété (ou indivision) lorsqu'une même chose appartient, dans son ensemble, à plusieurs personnes ; — p. ex. lorsqu'une maison est achetée par deux personnes, l'indivision de plein droit entre cohéritiers.

La copropriété, non traitée par le C. civ. (1), est aujourd'hui « organisée » par la loi du 31 déc. 1976.

(1) Seul texte, l'art. 815 au titre des successions, énonçant que l'indivision (entre cohéritiers) peut cesser à tout moment par le partage.

§ 1. — Régime légal de toute indivision (1)

A. — Droit de demander le partage : art. 815, al. 1 : « Nul ne peut être contraint de demeurer dans l'indivision et le partage peut toujours être provoqué ... », — *sous réserve* des dérogations ci-dessous.

1. « A la demande d'un indivisaire, le président du tribunal peut *surseoir au partage* pour deux années au plus si la réalisation immédiate risque de porter atteinte à la valeur des biens indivis ... », sursis applicable « à l'ensemble de biens indivis ou à certains d'entre eux seulement » (art. 815 al. 2).

2. « *Si les indivisaires entendent demeurer dans l'indivision*, le tribunal peut, à la demande de l'un ou de plusieurs d'entre eux ... attribuer sa part après expertise à celui qui a demandé le partage, soit en nature si elle est aisément détachable du reste des biens indivis, soit en argent, si l'attribution en nature ne peut être commodément effectuée ou si le demandeur en exprime la préférence ... » (art. 815 al. 3).

3. *Exploitations agricoles* : à défaut d'accord amiable, peut être maintenue dans les conditions fixées par le tribunal, « l'indivision » (successorale) de toute exploitation agricole constituant une unité économique et dont la mise en valeur était assurée par le défunt ou par son conjoint », à la demande des personnes visées par la loi (art. 815-1, al. 1).

4. *Local d'habitation ou à usage professionnel* qui, à l'époque du décès était effectivement utilisé pour cette habitation ou à cet usage par le défunt ou son conjoint : même maintien possible de l'indivision (successorale) (art. 815-1 al. 3).

Dans les deux derniers cas « Le maintien de l'indivision ne peut être prescrit pour une durée supérieure à cinq ans ; — il peut être renouvelé, dans le cas prévu à l'alinéa 3 (local d'habitation ou à usage professionnel) : jusqu'à la majorité du plus jeune des descendants et, dans les cas prévus à l'alinéa 4 (maintien demandé par le conjoint survivant), jusqu'au décès du conjoint survivant » (art. 813, al. der.).

B. — Administration des biens indivis.

a) En principe, « Les actes d'administration (et de disposition) ... requièrent le consentement de tous les indivisaires » (art. 815-3 al. 1).

b) Dérogations (justifiées par l'urgence) (art. 815-3 et s.).

1. Tout indivisaire peut « prendre les mesures nécessaires à *la conservation* des biens indivis » (2).

(1) Règles énoncées par les art. 815 et s. pour l'indivision successorale, mais applicables à toute indivision.

(2) « Il peut employer à cet effet les fonds de l'indivision détenus par lui (p. ex. pour payer une dette échue) et il est réputé en avoir la libre disposition à l'égard des tiers.

2. « Un indivisaire peut être autorisé par justice à passer seul un acte pour lequel le consentement d'un coïndivisaire serait nécessaire si le refus de celui-ci *met en péril* l'intérêt commun ».

3. « Le président du tribunal de grande instance peut prescrire ou autoriser toutes les mesures urgentes que requiert l'intérêt commun » (v. art. 815-6).

c) Représentation mutuelle des indivisaires.

« *Mandat général d'administration* » peut être donné à un ou à plusieurs indivisaires (1).

Si un indivisaire *prend en main* la gestion des biens indivis au su et sans opposition des autres, « il est censé avoir reçu mandat tacite » (art. 815-3 al. 2).

Si un indivisaire *est hors d'état de manifester sa volonté* (2), un autre peut être habilité par justice à le représenter (art. 815-4 al. 1).

« A défaut de pouvoir légal, de mandat ou d'habilitation », application des règles de la *gestion d'affaires* (3) (art. 815-4 al. 2).

C. — Usage et jouissance des biens indivis (art. 815-9).

« Chaque indivisaire peut user et jouir des biens indivis ... dans la mesure compatible avec le droit des autres indivisaires ... A défaut d'accord entre les intéressés, l'exercice de ce droit est réglé ... par le président du tribunal » statuant en référé.

Indemnité : due, sauf convention contraire, par l'indivisaire qui jouit *privativement* de la chose indivise.

D. — Fruits et revenus des biens indivis (art. 815-10 et 815-11).

1. « Chaque indivisaire a droit aux bénéfices provenant des biens indivis et supporte les pertes proportionnellement à ses droits dans l'indivision ».

2. « Tout indivisaire peut demander sa part annuelle dans les bénéfices, déduction faite des dépenses entraînées par les actes auxquels il a consenti ou qui lui sont opposables ».

3. *Prescription* : cinq ans après la date à laquelle les fruits et revenus « ont été perçus ou auraient dû l'être » (art. 815-10, al. 2).

(1) Un mandat *spécial* est nécessaire pour tout acte « qui ne ressortit pas à l'exploitation normale des biens indivis » (donc pour tout acte de disposition), ainsi que pour la conclusion ou le renouvellement des baux (art. 815-3, al. 1).

(2) P. ex. dans une indivision successorale, s'il existe un héritier dont on connaît l'existence mais dont on ignore l'adresse.

(3) Il y a *gestion d'affaires* lorsqu'une personne accomplit un acte dans l'intérêt d'une autre, sans en avoir reçu mandat (V. art. 1370), p. ex. lorsqu'une personne fait une réparation urgente à l'immeuble d'une autre non présente. *V. Mémento de droit civil. Les obligations* 8e éd., p. 70.

E. — Droits et obligations du gérant.

1. L'indivisaire qui gère un ou plusieurs biens indivis à quelque titre que ce soit (1) *est redevable* des produits nets de sa gestion ; — *il a droit à la rémunération* de son activité dans les conditions fixées à l'amiable ou, à défaut, par décision de justice (art. 815-12).

2. *Amélioration d'un bien indivis ; impenses* (art. 815-13).

   — *améliorations* aux frais d'un indivisaire : « il doit lui en être tenu compte » en considération de la valeur dont le bien se trouve augmenté « au temps du partage ou de l'aliénation ».

   — impenses faites pour la conservation des biens ;

   — de même pour les impenses pour la conservation des biens indivis « encore qu'elles ne les aient point améliorés ».

3. *Dégradations et détériorations* : l'indivisaire répond des dégradations et détériorations « de son fait ou par sa faute » (art. 315-13, al. 2).

F. — Cession de droits indivis : droit de préemption ou de substitution des indivisaires.

1. Droit de préemption (en cas de cession amiable).

« L'indivisaire qui entend céder à titre onéreux à une personne étrangère à l'indivision tout ou partie de ses droits dans les biens indivis ... est tenu de *notifier* par acte extra-judiciaire aux autres indivisaires *le prix et les conditions* de la cession projetée ainsi que les nom, domicile et profession de la personne qui se propose d'acquérir. Tout indivisaire peut dans le délai d'un mois ... faire connaître au cédant par acte extra-judiciaire, qu'il exerce un droit de préemption, aux prix et conditions qui lui ont été notifiés. En cas de préemption, celui qui l'exerce dispose pour la réalisation de l'acte de vente, d'un délai de deux mois à compter de la date de l'envoi de sa réponse au vendeur. Passé ce délai sa déclaration de préemption est nulle de plein droit, quinze jours après une mise en demeure restée sans effet et sans préjudice des dommages intérêts qui peuvent être demandés par le vendeur » (art. 815-14).

2. Droit de substitution (en cas d'adjudication).

« S'il y a lieu à l'adjudication de tout ou partie des droits d'un indivisaire ... l'avocat ou le notaire doit en informer les indivisaires par notification un mois avant la date prévue pour la vente. Chaque indivisaire peut se substituer à l'acquéreur dans le délai de cinq jours francs à compter de l'adjudication par déclaration au greffe ou auprès du notaire » (art. 815-15).

Sanction des formalités prévues par les deux textes ci-dessus : nullité de la cession ou de l'adjudication ; — *prescription* : cinq ans (art. 815-16).

(1) Mandat exprès ou tacite, habilitation judiciaire, gestion d'affaires.

(2) De plus « quiconque (même non gérant mandaté ou habilité) perçoit des revenus ou expose des frais pour le compte de l'indivision doit en tenir un état qui est à la disposition des indivisaires » (l'art. 815-8).

G. — Droits des créanciers (art. 815-17).

a) Créanciers de l'indivision ; — ce sont les créanciers « qui auraient pu agir sur les biens indivis avant qu'il n'y ait indivision et ceux dont la créance résulte de la conservation ou de la gestion des biens indivis » : droit 1° d'être payés par prélèvement sur l'actif avant le partage ; 2° de poursuivre la saisie et la vente des biens indivis.

b) Créanciers personnels des indivisaires.

1. « Ne peuvent saisir la part (indivise) du débiteur dans les biens indivis, meubles ou immeubles.
2. Peuvent provoquer le partage au nom de leur débiteur (par l'action oblique) (1), — ou intervenir au partage provoqué par lui.
3. « Les coindivisaires peuvent arrêter le cours de l'action en partage en acquittant l'obligation au nom et en l'acquit du débiteur » et pourront se rembourser par prélèvement sur les biens indivis (2).

§ 2. — Régime conventionnel de l'indivision.

A. — Les conventions d'indivision : conditions de validité.

1. Nécessité de l'accord de tous les indivisaires.

2. Forme : à peine de nullité, « écrit comportant la désignation des biens indivis et l'indication des quotes parts de chaque indivisaire » (art. 1873-2) (3).

3. Durée (art. 1873-3) :

— *convention conclue pour une durée déterminée* : cinq ans au maximum, renouvelable pour une durée déterminée ou indéterminée, par « décision expresse des parties » ; — « le partage ne peut être provoqué avant le terme convenu qu'autant qu'il y aura de justes motifs » ;

— *convention sans durée déterminée* : « le partage peut en ce cas être provoqué à tout moment, pourvu que ce ne soit pas de mauvaise foi et à contre temps ».

4. Capacité et pouvoir de disposer des biens indivis (art. 1874-4) (4).

(1) *Mémento de Droit civil. Oligations*, 8e éd., p. 112.
(2) Sur les indivisions *en usufruit*, v. art. 815-18.
(3) Si l'indivision comprend *des créances* : formalités de l'art. 1690 ; — *des immeubles* : acte notarié en vue de la *publicité foncière*.
(4) Toutefois la convention peut être conclue au nom d'un mineur par son représentant légal seul ; mais dans ce cas, le mineur devenu majeur peut y mettre fin, quelle qu'en soit la durée, dans l'année qui suit sa majorité (art. 1872-4, al. 2).

B. — Gestion de l'indivision.

1. Gérance.

a) Nomination et révocation du gérant (art. 1873-5).

« Les coindivisaires peuvent nommer un ou plusieurs gérants choisis ou non parmi eux. Les modalités de *désignation* et de *révocation* du gérant peuvent être déterminées par une décision unanime des indivisaires ».

A défaut d'un tel accord, le gérant *pris parmi les indivisaires* ne peut être révoqué ... que par une décision unanime des autres indivisaires » ; — « Le gérant *qui n'est pas indivisaire*, peut être révoqué dans les conditions convenues entre ses mandants ou, à défaut, par une décision prise à la majorité des indivisaires en nombre et en parts » ; — *dans tous les cas*, « par le tribunal à la demande d'un indivisaire, lorsque le gérant, par les fautes de gestion met en péril les intérêts de l'indivision ».

b) Pouvoirs du gérant (art. 1873-6 à 1873-11).

« Le gérant représente les indivisaires dans la mesure de ses pouvoirs soit pour les actes de la vie civile, soit en justice tant en demandant qu'en défendant ».

Les pouvoirs sont ceux « que la loi attribue au mari sur les biens communs, — *sauf* le droit de disposer des meubles corporels, si ce n'est « pour les besoins d'une exploitation normale des biens indivis ou encore s'il s'agit de choses difficiles à conserver ou sujettes à dépérissement » ; — « Toute clause extensive des pouvoirs du gérant est réputée non écrite ; — « Les décisions qui excèdent les pouvoirs du gérant sont prises à l'unanimité, sauf au gérant s'il est lui-même indivisaire, à exercer les recours prévus par les art. 815-4, 815-5 et 815-6 ».

c) Rémunération du gérant : conditions fixées par les indivisaires à l'exclusion de l'intéressé ; — à défaut, par le président du tribunal de grande instance.

d) Responsabilité pour fautes de gestion, « comme un mandataire ».

e) Reddition des comptes : par le gérant, une fois par an.

C. — Cession de part indivise (V. art. 1873-12 et s.) : mêmes droits de préemption et de substitution des coïndivisaires que dans le régime légal.

D. — Droits des créanciers (art. 1873-14) : mêmes règles que dans le régime légal (1).

(1) Conventions relatives à l'exercice des droits indivis en présence d'un usufruitier, v. art. 1873-15 : application de l'art. 815-17.

SECTION 2. — **PROPRIÉTÉ DES BIENS DES PERSONNES MORALES.**

Personne morale (ou **personne juridique**) : groupement de personnes physiques, considéré comme un sujet de droit, doté des attributs de la personnalité (état, nom, domicile, patrimoine) ; — la personne morale est une *personne distincte* des personnes physiques qui la composent : c'est cette personne, et non les membres du groupement, qui est propriétaire des biens constituant son *patrimoine* (1) ; — il s'agit donc d'une propriété ordinaire (non d'une propriété collective).

1. — Biens des personnes morales privées.

Deux sortes de personnes morales : 1. les **associations**, groupements à *but non lucratif* ; — 2. les **sociétés**, groupements *à but lucratif.*

Régime des biens : fixé par le statut du groupement, lui-même établi contractuellement par ses membres.

A. — Biens des associations (déclarées) (2).

Principe : liberté des statuts.

Restrictions.

a) Règles de la spécialité : les biens de l'association ne peuvent être utilisés qu'en vue de l'accomplissement du but qu'elle s'est proposé.

b) Limitation à la faculté d'acquérir les immeubles : l'association ne peut acquérir que les *immeubles* « strictement nécessaires » à l'accomplissement de son but, qu'il s'agisse d'une association simplement déclarée ou reconnue d'utilité publique ; — ni, pour les associations simplement déclarées, recevoir de libéralités.

B. — Biens des sociétés (civiles ou commerciales).

Principe : liberté des statuts.

Pas de restriction au droit d'acquérir des biens, — ni au droit des associés de percevoir les bénéfices et de se partager, à la dissolution, les biens de la société.

Mais tendance du législateur à accorder aux ouvriers et employés des sociétés exploitant des entreprises industrielles, un droit de regard sur la gestion du groupement et, par suite, sur la gestion des biens.

(1) V. *Mémento de droit civil. Les personnes* 9 ᵉ éd., p. 27.

(2) *L'association non déclarée* n'a pas de personnalité morale et, par suite, ne peut avoir de patrimoine.

2. — Biens des personnes morales du droit public.

Personnes morales du droit public : l'Etat, les départements, les communes, certains établissements publics.

Domaine public et domaine privé (v. C. dom. Etat, déc. du 14 mars 1962).

a) Biens du domaine public.

Ce sont les biens domaniaux, c.-à-d. faisant partie du domaine des personnes morales du droit public, affectés à l'usage direct du public ou affectés à un service public ; p. ex. les rivages de la mer (*domaine public maritime*), les fleuves et rivières classés navigables ou flottables (*domaine public fluvial*) ; les voies de communication destinées à l'usage du public (*domaine public terrestre*) ; ainsi que les biens meubles mis à la disposition du public ou affectés à un service public ; p. ex. les collections des bibliothèques publiques.

Régime : biens « hors du commerce », *inaliénables, insaisissables, imprescriptibles*, ne pouvant être grevés d'aucune servitude d'intérêt privé, mais seulement l'objet, au profit des particuliers, de *concessions précaires*.

b) Biens du domaine privé.

Ce sont tous les biens des personnes morales du droit public qui ne font pas partie du domaine public ; p. ex. les lais et relais de la mer (art. 538), les biens vacants et sans maître (art. 539 et 713) que le Code civil range à tort dans le domaine public, — ainsi que les objets mobiliers garnissant les immeubles appartenant à la personne morale.

Régime : biens « dans le commerce », *pouvant être aliénés* à titre onéreux, grevés de droits réels au profit de particuliers, *prescriptibles*, mais *non saisissables*.

SECTION 3. — LA COPROPRIÉTÉ AVEC INDIVISION FORCÉE

Copropriété prévue et réglementée par la loi dans des cas où la nature ou la destination des biens nécessite le maintien de l'indivision.

Cas : 1. copropriété des *clôtures mitoyennes* ; — 2. copropriété des *cours etc.* desservant plusieurs immeubles ; — 3. copropriété des *parties communes* des maisons divisées par appartements.

§ 1. — Copropriété des clôtures mitoyennes.

Clôtures mitoyennes : clôtures de toutes natures (murs, palissades, haies, etc.) appartenant en copropriété aux deux propriétaires des fonds qu'elle sépare.

1. Sources de la mitoyenneté.

A. Mur originairement mitoyen : mur construit à cheval sur la ligne séparative et à frais communs.

B. Acquisition de la mitoyenneté postérieurement à la construction du mur bordant un fonds.

1. Par convention.

2. Par la volonté unilatérale du propriétaire voisin.

Droit du propriétaire voisin : celui-ci peut contraindre le propriétaire du mur à *céder la mitoyenneté* en tout ou en partie (1), en remboursant la moitié de la valeur, au moment de l'acquisition, du mur ou de la partie de mur et la moitié de la valeur du sol sur lequel est construit le mur (art. 661) (2).

Effets de l'acquisition : l'acquisition rend le propriétaire voisin copropriétaire du mur à la date de la demande, mais dans l'état où il se trouve, — avec tous les droits découlant de la mitoyenneté, p. ex. celui d'obliger le propriétaire voisin à boucher les jours pratiqués dans le mur dont il était propriétaire exclusif, à moins qu'une servitude de jour n'ait été acquise par prescription.

3. Par prescription, si le propriétaire voisin a appuyé des ouvrages sur le mur mitoyen sans que le propriétaire du mur ne le contraigne à les démolir, pendant le délai de la prescription acquisitive en matière immobilière (*infra*, p. 39).

2. Preuve de la mitoyenneté.

Modes de preuve.

1. En principe par **titre.**
2. A défaut de titre, par **prescription.**
3. S'il n'y a ni titre ni prescription, par **présomptions de fait.**

Présomptions de mitoyenneté.

Présomption générale : « Toute clôture qui sépare des héritages est réputée mitoyenne, à moins qu'il n'y ait qu'un seul des héritages en état de clôture » (art. 666) (3).

Présomption spéciale aux murs : sont présumés mitoyens, les murs servant de séparation

a) entre deux bâtiments : présumés mitoyens, jusqu'à « *l'héberge* » (c.-à-d. jusqu'à la hauteur du toit du bâtiment le moins élevé) (art. 653) ;

(1) Soit en longueur soit en hauteur.

(2) Le propriétaire qui entend acquérir la mitoyenneté n'a pas à rendre compte des raisons pour lesquelles il exerce son droit (inapplication de la théorie de l'abus du droit, *supra*, p. 21).

(3) A moins aussi que l'un des propriétaires voisins ne prouve que son bâtiment a été construit avant celui de l'autre.

e) entre cours et jardins, même si l'un des fonds n'est pas entièrement clos, — mais non les murs séparant une cour ou un jardin d'une maison ;

c) entre deux fonds dans les champs, — non si un seul des fonds est clos.

Présomption de non mitoyenneté par « marques de non-mitoyenneté » (v. art. 654) ; p. ex. cas où la « sommité » du mur est droite d'un côté et en plan incliné de l'autre : mur présumé appartenir au propriétaire du côté où il est droit.

3. Droits et obligations des copropriétaires.

A. Droits : chaque copropriétaire peut (v. art. 657 et s.)

— « faire bâtir » contre le mur ;

— y faire placer des poutres dans toute l'épaisseur, « à cinquante quatre millimètres près », sauf le droit du propriétaire voisin de « faire réduire la poutre » jusqu'à la moitié du mur, s'il veut y placer une poutre au même endroit ;

— exhausser le mur, à ses frais et à condition de rembourser au propriétaire voisin, les dépenses qu'il a dû engager à la suite et du fait de l'exhaussement (art. 658) ; p. ex. surélévation des cheminées ;

— pratiquer des « enfoncements » ou y appuyer des ouvrages, mais avec le consentement de l'autre et, en cas de refus, « en faisant régler par experts les moyens nécessaires pour que le nouvel ouvrage ne soit pas nuisible aux droits de l'autre ».

Mais il ne peut, sans le consentement du propriétaire voisin, « pratiquer dans le mur mitoyen aucune fenêtre ou ouverture, en quelque manière que ce soit, même à verre dormant » (art. 675).

B. Obligations : participer à l'entretien ou à la reconstruction du mur mitoyèn, — sauf possibilité de s'en exonérer en *abandonnant* gratuitement le droit de mitoyenneté « pourvu que le mur mitoyen ne soutienne pas un bâtiment qui lui appartienne » (art. 655 et 656) (1).

4. Règles particulières aux clôtures mitoyennes autre que les murs : haies et fossés et « toute clôture qui sépare les héritages » (palissades de toutes natures, grillages etc.).

— Impossibilité d'exiger cession de la mitoyenneté (art. 668).

— Pour les fossés, marque particulière de non-mitoyenneté : lorsque « le rejet de terre se trouve d'un côté seulement du fossé » (art. 666, al. 2), fossé présumé appartenir au propriétaire du côté du rejet.

— Droits et obligations des copropriétaires (v. art. 668 à 670).

(1) Chaque copropriétaire doit supporter entièrement les réparations de la reconstruction du mur, rendues nécessaires par sa faute exclusive.

§ 2. — Copropriété des éléments affectés au service commun de plusieurs fonds.

Cas où des parties de sol (chemins, ruelles, cours, etc.) ou des constructions (puits, abreuvoirs, lavoirs etc.) servant à plusieurs fonds appartenant à des propriétaires différents et dont ils sont les accessoires indispensables ; — il peut en être ainsi au résultat de servitudes créées entre fonds voisins ou, souvent en fait, lorsqu'un fonds aménagé en vue d'une exploitation d'un seul tenant, a été divisé après partage.

Situation non réglementée par le Code civil ; — mais seulement par le Code rural (art. 92 et s.) pour les « chemins et sentiers d'exploitation », qui sont « en l'absence de titre, présumés appartenir aux propriétaires riverains, chacun « en droit soi », mais dont l'usage « en est commun à tous les intéressés » et peut être interdit au public.

Régime particulier de la copropriété.

1. Comme en matière de copropriété ordinaire, chaque copropriétaire a le droit de se servir de la chose commune à condition de ne pas entraver le droit des autres.
2. Mais, s'agissant d'une copropriété forcée, les copropriétaires ne peuvent demander le partage.
3. Les choses communes étant affectées à l'exploitation des fonds dont elles sont l'accessoire, les copropriétaires ne peuvent disposer de leur droit indépendamment de leur droit sur leurs propres fonds.
4. *De plus*, la jurisprudence reconnaît à chaque copropriétaire les droits d'un propriétaire exclusif, en ce sens qu'il peut, sans l'assentiment des autres, non seulement effectuer des travaux d'entretien, mais des modifications utiles à l'indivision, p. ex. exhausser le sol, aménager l'écoulement des eaux ; à condition qu'il n'en résulte pas une gêne permanente pour les autres, — et cela même si ceux-ci n'ont pas donné leur autorisation ou s'y opposent (différence avec la gestion d'affaires) ; — lorsque la chose commune est une cour ou un chemin, chaque copropriétaire peut pratiquer des vues droites dans son immeuble sans qu'il existe entre le mur et le milieu de l'espace commun, la distance de 1 m 90 prévue par le C. civ.
5. Chaque copropriétaire doit participer aux dépenses d'entretien « dans la proportion de son intérêt » (C. rur. art. 93 pour les chemins d'exploitation) ; — sauf faculté d'abandon du droit de copropriété (arg. art. 699).

§ 3. — Copropriété des maisons divisées en appartements

(loi du 10 juillet 1965 fixant le statut de la copropriété des immeubles bâtis et déc. d'appl. du 17 mars 1967.

Cas d'un immeuble bâti dont la propriété est répartie entre plusieurs personnes par lots comprenant, chacun, une partie privative et une quote-part des parties communes.

Parties privatives et parties communes.

1. **Sont privatives**, les parties des bâtiments et des terrains réservées à l'usage exclusif d'un propriétaire déterminé.

2. **Sont communes**, les parties des bâtiments et des terrains affectées à l'usage ou à l'utilité de tous les copropriétaires ou de plusieurs d'entre eux ; — ce sont :

— celles que les titres ont désignées comme telles ;

— et, « dans le silence ou la contradiction des titres » : sols ; — cours ; — parcs et jardins ; — voies d'accès ; — gros œuvre des bâtiments ; — éléments d'équipement commun, y compris les parties de canalisations qui traversent les locaux privatifs ; — coffres, gaines et têtes de cheminée ; — locaux des services communs ; passages et corridors ; — et leurs droits accessoires (p. ex. droit de surélever un bâtiment commun, de construire des bâtiments nouveaux dans une cour commune) ;

— mais les cloisons et murs séparant les parties privatives et non comprises dans le gros œuvre, sont mitoyennes (et non communes).

Régime des parties privatives et des parties communes.

1. **Propriété.**

— *des parties privatives* : propriété *exclusive* du copropriétaire ;

— *des parties communes* : propriété *indivise* entre l'ensemble des copropriétaires ou de certains d'entre eux, chacun ayant une quote part de propriété indivise, proportionnelle à la valeur relative de la partie privative correspondant à son lot par rapport à l'ensemble de toutes les parties privatives.

2. **Usage et jouissance** : chaque copropriétaire « use et jouit librement des parties privatives et des parties communes, sous la condition de ne porter atteinte, ni aux droits des autres copropriétaires, ni à la destination de l'immeuble ».

Organisation de la copropriété : le règlement de copropriété.

a) Son objet : détermine

— *la destination* des parties, tant privatives que communes, sans pouvoir imposer aux copropriétaires des restrictions autres que celles justifiées par la destination de l'immeuble ;

— les conditions de leur *jouissance* ;

— les règles relatives à *l'administration* des parties communes ;

— la quote-part afférente à chaque lot dans les *charges* communes ; — *en distinguant* (art. 10)

1° les « charges relatives à la conservation, à l'entretien et à l'administration des parties communes » : participation proportionnelle à la valeur relative des parties privatives ;

2° « les charges entraînées pour les services collectifs et les éléments d'équipement communs », p. ex. chauffage, ascenseur (fonctionnement, entretien ou réfection) : participation en fonction de l'utilité que ces services et éléments présentent pour chaque lot.

b) Par qui il est établi ou modifié : par le syndicat des copropriétaires.

Le syndicat des copropriétaires.

La collectivité des copropriétaires est constituée en un syndicat, doté de la personnalité morale, ayant, de ce fait, un patrimoine, des droits et des obligations (1).

Rôle : outre qu'il établit, ou modifie s'il y a lieu, le règlement de copropriété, le syndicat

— « conserve » l'immeuble et administre les parties communes ;

— est responsable des dommages causés aux copropriétaires ou aux tiers par le vice de construction ou défaut d'entretien, sans préjudice de toute action récursoire ;

— agit en justice ;

— acquiert ou aliène les parties communes.

Administration de la copropriété.

La copropriété est administrée par le syndicat en *assemblée générale* des copropriétaires, dont les décisions sont exécutées par un *syndic*, « placé éventuellement sous le contrôle d'un conseil syndical ».

1. L'assemblée générale.

Fonctionnement et pouvoirs déterminés par le règlement de copropriété.

Sous réserve de certaines règles :

a) chaque copropriétaire dispose d'un nombre de voix correspondant à sa quote-part dans les parties communes (2) ;

b) peut déléguer son droit de vote à un mandataire ;

c) le syndic, son conjoint ou ses préposés ne peuvent présider l'assemblée, ni recevoir mandat de représenter un copropriétaire ;

d) décisions prises

— en principe, « *à la majorité des voix des copropriétaires présents ou réprésentés, s'il n'en est autrement disposé par la loi* » ;

(1) Mais le syndicat n'est pas propriétaire de l'immeuble ni même des parties communes qui continuent d'appartenir, privativement ou collectivement, aux copropriétaires.

(2) Ce sont les « *millièmes* » ; — mais si la quote part est supérieure à la moitié, le nombre des voix est réduit à la somme des voix des autres copropriétaires (loi de 1965, art. 22, mod. par la loi du du 28 déc. 1966).

— *dans certains cas, « à la majorité des voix de tous les copropriétaires »* ; p. ex. s'il s'agit d'autoriser certains copropriétaires à effectuer à leurs frais des travaux affectant des parties communes ; — de désigner ou de révoquer le syndic ; — de modifier la répartition des charges (1) ;

— ou à *la majorité des trois-quarts*, p. ex. pour les actes d'acquisitions immobilières, — les travaux comportant transformation, addition ou amélioration (autres que ceux rendus obligatoires par la loi ou les règlements) ; — la modification, ou éventuellement l'établissement du règlement de copropriété en tant qu'il concerne l'usage et l'administration des parties communes ;

— ou même à l'*unanimité des voix* (2) : sur l'aliénation des parties communes « nécessaires au respect de la destination de l'immeuble » ; — ainsi que la surélévation ou la construction de bâtiments aux fins de créer de nouveaux locaux à usage privatif.

L'assemblée ne peut jamais *imposer* à un copropriétaire une modification à la destination ou au mode de jouissance de ses parties privatives, tels que fixés par le règlement de copropriété.

2. Le syndic.

Désignation : par la première assemblée générale (3).

Rôle : notamment, assure le respect du règlement de copropriété et l'exécution des décisions de l'assemblée ; — administre l'immeuble, pourvoit à sa conservation et, dans les cas d'urgence, fait procéder de sa propre initiative à l'exécution des travaux nécessaires ; — représente le syndicat « dans tous les actes civils et en justice ».

Remplacement, en cas d'empêchement ou de carence, dans les conditions prévues par le règlement de copropriété et, à défaut, par un administrateur provisoire, désigné par décision de justice.

3. Le conseil syndical : *désignation*, par l'assemblée générale (4) ou, à défaut, par le président du tribunal ; — *rôle* : assiste le syndic et contrôle sa gestion.

(1) Si cette majorité n'est pas acquise, une nouvelle assemblée est réunie qui décide, à la majorité des copropriétaires présents ou représentés.

(2) Unanimité des copropriétaires présents, représentés *ou absents* à l'assemblée générale : non l'unanimité des copropriétaires présents ou représentés.

(3) S'il a été nommé avant, notamment par le règlement de copropriété, sa désignation doit être ratifiée par la première assemblée.

(4) A la majorité des trois-quarts.

TITRE IV. — MODES D'ACQUISITION DU DROIT DE PROPRIÉTÉ

Divers modes d'acquisition : la propriété s'acquiert (art. 711 et 712)

1. Par succession, *ab intestat* ou testamentaire (1).
2. Par l'effet de la possession.
3. Par l'effet des obligations, c.-à-d. par contrat à *titre onéreux* (vente, échange, etc.) ou à *titre gratuit* (donation).
4. Par accession (2).

CHAPITRE I. — ACQUISITION DE LA PROPRIÉTÉ PAR L'EFFET DE LA POSSESSION

SECTION 1. — LA POSSESSION ET SES EFFETS EN GÉNÉRAL.

§ 1. — Généralités.

1. La possession (au sens général) : *état de fait* qui consiste à exercer un droit, *que l'on soit ou non titulaire de ce droit.*

2. Protection de la possession.

En principe, la loi accorde à celui qui exerce les prérogatives d'un droit, la protection de la situation de fait dont il jouit (*infra*, p. 44, *La protection de la possession*).

C'est que

a) Le plus souvent, le possesseur est bien titulaire du droit qu'il exerce.

(1) V. *Mémento de droit civil. Successions et libéralités*, 6e éd., p. 70 et s.

(2) A ces modes d'acquisition, on peut ajouter p. ex. l'acquisition de la propriété par l'effet du mariage : l'époux acquiert, par l'effet du mariage, la copropriété du droit au bail du local servant à l'habitation du ménage qui appartenait, avant le mariage, à son conjoint (v. art. 1751).

b) Même s'il ne l'est pas, il est opportun qu'il soit maintenu dans la situation de fait dont il jouit, jusqu'à ce que le titulaire du droit ait prouvé que le possesseur est sans droit.

c) Et que cela permet de remédier aux difficultés de preuve de la propriété.

3. Domaine d'application : la possession s'applique

1. au *droit de propriété* ;
2. aux *autres droits réels* p. ex. l'usufruit (1) ;
3. même aux *droits de créance* (v. art. 1240) (2) ;
4. et à l'*état* : la possession d'état (3).

4. Possession (en matière de propriété).

C'est le fait d'avoir une chose à sa disposition, sans en être propriétaire, mais avec la *pensée* que l'on exerce sur cette chose un droit de propriété ou avec l'*intention* de l'exercer.

Eléments de la possession : *deux éléments.*

1. **Elément matériel** : le *fait d'exercer sur la chose des actes matériels* qui sont les prérogatives du droit de propriété ; p. ex. user de la chose ; élément appelé **corpus.**
2. **Elément intellectuel** : la *pensée* que l'on exerce, — ou l'*intention* d'exercer, sur la chose, un droit de propriété ; élément appelé **animus** ;

   P. ex., lorsque la chose a été acquise d'un non-propriétaire (ce qui n'a pas eu pour effet de transférer la propriété), l'acquéreur de bonne foi *pense* qu'il exerce le droit de propriété ; — l'acquéreur de mauvaise foi a *l'intention* d'exercer le droit de propriété.

5. Preuve de la possession.

Charge de la preuve : incombe à celui qui invoque la possession (en fait, seulement le *corpus*).

Mode de preuve : les faits matériels constitutifs de la possession (p. ex. l'usage de la chose) peuvent être établis par témoins, quel que soit le montant du litige.

(1) **Quasi possession** : possession *d'un droit* autre que le droit de propriété — p. ex. un usufruit, un gage ; est quasi-possesseur celui qui se conduit comme un usufruitier, ou comme un créancier-gagiste.

(2) *Art.* 1240 : « Le payement fait de bonne foi à celui qui est en *possession de la créance*, est valable, encore que le possesseur en soit par la suite évincé ».

(3) V. *Mémento de droit civil, Les personnes*, 9e éd., p. 90.

6. Possession par l'intermédiaire d'autrui : il n'est pas nécessaire que celui qui a l'*animus* ait, en personne, le *corpus* : il peut posséder par l'intermédiaire d'autrui ; p. ex. le propriétaire qui prête sa chose à un tiers, à l'*animus* et, par l'intermédiaire de l'emprunteur, le *corpus* ; — v. l'intérêt de l'observation, en matière d'acquisition de la propriété par usucapion, *infra*, p. 47 *Jonction des possessions.*

7. Détention (ou possession précaire).

C'est le fait d'avoir le *corpus*, sans l'*animus* ; — ex. le locataire exerce sur la chose des actes qui sont les prérogatives du droit de propriété (usage, etc.) ; mais n'a pas la pensée qu'il en est propriétaire, ni l'intention d'agir comme un propriétaire, puisqu'il *sait* qu'il n'exerce ces prérogatives qu'en vertu d'un contrat de location ; — *différence avec la possession* : « la détention ne produit pas *tous* les effets juridiques de la possession.

8. Deux présomptions édictées par la loi.

1. « On est toujours présumé posséder pour soi et à titre de propriétaire ... » (art. 2230), c.-à-d. que celui qui a une chose à sa disposition est *présumé possesseur* et non détenteur ; — *en conséquence*, c'est à celui qui prétend qu'il y a simple détention qu'il appartient de le prouver.

   Ex. c'est au propriétaire qu'il appartient de prouver, en cas de contestation, que celui qui occupe son immeuble n'est que locataire.

2. *Règle inverse* : « Quand on a commencé à posséder pour autrui, on est toujours présumé posséder au même titre » (art. 2231), c.-à-d. que celui qui a commencé par avoir la détention est *présumé toujours détenteur* ; — *en conséquence*, c'est à celui qui prétend qu'il y a véritable possession qu'il appartient de le prouver.

   Ex. : un locataire achète à une personne qui n'est pas le véritable propriétaire, l'immeuble qu'il détenait en vertu du bail (interversion du titre).

§ 2. — Conditions pour que la possession produise des effets juridiques.

Quatre conditions : la possession doit être : 1° *continue*, — 2° *paisible*, — 3° *publique*, — 4° *non équivoque.*

Si ces conditions sont réunies, on dit que **la possession est utile.**

1° Continue.

Condition : que le possesseur ait exercé le droit *sans discontinuité.*

Sinon, vice de discontinuité : p. ex. celui qui prétend posséder un fonds, doit le cultiver régulièrement ; si, l'ayant cultivé un an, il l'abandonne, puis le cultive à nouveau, il n'y a pas possession continue.

2° Paisible.

Condition : que le possesseur possède *paisiblement.*

Sinon, vice de violence ; p. ex. s'il s'est emparé de la chose par la violence ; ou si, ayant commencé à posséder paisiblement, il ne se maintient en possession que par la violence ; — la possession *utile* ne commence, pour lui, que du jour où le dépossédé a cessé de résister.

3° Publique.

Condition : que la possession se manifeste par des *actes apparents.*

Sinon, vice de clandestinité ; p. ex. cas où un cohéritier recèle des meubles ayant appartenu au défunt.

4° Non équivoque.

Condition : que le fait que le possesseur ait la chose à sa disposition, ne puisse s'expliquer *que par la possession et non par la détention.*

Sinon, vice d'équivoque ; — ex. :

— en cas de possession de choses communes ; p. ex. lorsqu'une succession est échue à plusieurs cohéritiers ;

— en cas de communauté d'habitation ; p. ex. lorsque le domestique d'une personne décédée a entre les mains des objets ayant appartenu au défunt : il les a soit parce que le défunt les lui a donnés (possession), soit parce qu'il les lui a remis en dépôt (détention) ; la possession est *équivoque.*

Non-nécessité de la bonne foi : dans tous les cas, il n'est pas nécessaire que la possession soit exercée *de bonne foi.*

§ 3. — Effets juridiques de la possession.

A. — Effets juridiques de toute possession, même de mauvaise foi.

1. La possession (même de mauvaise foi) fait présumer le droit :

a) En matière immobilière,

— la présomption donne au possesseur le rôle de défendeur dans le procès en revendication ;

— dans certains cas, la possession vaut preuve du droit de propriété ; p. ex. lorsqu'aucune des parties n'a de titre (infra, p. 65).

b) En matière mobilière (pour les meubles corporels), tout possesseur d'un meuble en est présumé propriétaire (art. 2279, *infra*, p. 52).

2. La possession (même de mauvaise foi) est protégée par les actions possessoires (*infra*, p. 44).

3. La possession (même de mauvaise foi) conduit à l'acquisition de la propriété :

— *soit instantanément* par *l'occupation* des choses sans maître (*infra*, p. 50) ;

— *soit au bout d'un certain temps*, pour les immeubles (et droits réels immobiliers) : *prescription acquisitive* (*infra*, p. 46).

B. — Un effet de la possession de bonne foi : l'acquisition des fruits par le possesseur de bonne foi.

En principe, le possesseur *de bonne foi* « fait les fruits siens » (art. 549).

Cas où une personne a acquis un immeuble d'un non-propriétaire et en a perçu les fruits (p. ex. les loyers) pendant un certain temps ; puis, au résultat de l'action en revendication exercée par le véritable propriétaire, elle est tenue de restituer l'immeuble : si elle est de bonne foi, elle garde les fruits perçus ; sinon elle doit les rendre.

C'est que le possesseur de bonne foi, qui est censé avoir consommé les fruits, serait appauvri injustement s'il devait les restituer.

Conditions : pour être possesseur de bonne foi, il faut (art. 550) posséder en vertu d'un *titre*, — dont on *ignore les vices*.

1. Titre (au sens de l'art. 550) : tout acte juridique (p. ex. une vente, un échange, une donation) *qui aurait transféré la propriété s'il avait été valable*, mais qui est

— *inopérant* parce qu'émanant d'un non-propriétaire ;

— ou *nul* pour défaut de forme ou incapacité de l'aliénateur ;

— ou *n'existe pas du tout* : **titre putatif** ; — un titre est *putatif* quand l'acquéreur croit à son existence, alors qu'en réalité, le titre n'existe pas ; p. ex. au cas où un legs d'immeuble a été révoqué par un testament postérieur.

2. Ignorance des vices du titre ; — qu'il s'agisse d'une erreur de droit ou de fait.

Effet : acquisition des fruits.

Acquisition des *fruits*, non des *produits* (1).

Le possesseur acquiert les fruits par leur *perception* c.-à-d. en les recueillant, p. ex. en percevant les loyers : les fruits non perçus appartiennent au propriétaire.

Preuve de la bonne foi : « La bonne foi est toujours *présumée et c'est à celui qui allègue la mauvaise foi à la prouver* » (art. 2268).

Cessation de la bonne foi au moment où le possesseur apprend les vices de son titre (art. 550, al. 2) ; p. ex. au moment où le propriétaire intente l'action en revendication : à partir de ce moment, le possesseur perd le droit aux fruits.

(1) Sur la distinction des fruits et des produits, v. *supra*, p. 7.

C. — Effets particuliers de la possession en matière immobilière.

Deux effets essentiels.

1. — La possession conduit à l'acquisition de la propriété ; *infra*, p. 46, *La prescription acquisitive.*

2. — Des actions particulières sont accordées au possesseur d'un immeuble pour défendre sa possession : *les actions possessoires.*

La protection de la possession : les actions possessoires (art. 2282 et 2283 ajoutés au C. civ. par la loi du 9 juill. 1975, déc. du 28 mars 1979 et C. pr. civ. nouv., art. 1264).

1. — Règles communes à toutes les actions possessoires.

1. « La possession est protégée *sans avoir égard au fond du droit*, contre le trouble qui l'affecte ou la menace ».

2. *Etat de fait protégé* : la **possession** ou la **détention** ; — « Les actions possessoires sont ouvertes dans les conditions prévues par le Code de procédure civile, à ceux qui *possèdent* ou *détiennent* paisiblement » :

— *au possesseur* proprement dit, contre toute personne.

— *au détenteur* « contre tout autre que celui de qui il tient ses droits ».

3. Existence *d'un trouble* apporté par un tiers à la possession ou à la détention, chaque action possessoire sanctionnant un trouble de nature particulière, mais consistant en des faits ou actes volontaires, impliquant contestation du droit du possesseur d'exercer la possession.

2. — Différentes actions possessoires :

La protection possessoire est accordée à tout possesseur ou détenteur quelle que soit l'action intentée : complainte, dénonciation de nouvel œuvre, réintégrande.

1. La complainte : action exercée par *tout possesseur ou détenteur d'immeuble dont la possession ou la détention est troublée,*

— soit par un *trouble de fait*, résultant d'actes matériels impliquant l'intention de contester la possession ; p. ex. un voisin vient régulièrement puiser de l'eau dans un puits sur le fonds contigu ; — non un simple acte matériel quelconque ; p. ex. le fait par un chasseur de traverser un fonds à la poursuite d'un gibier (1).

— soit par un *trouble de droit* ; p. ex. un voisin fait défense par acte d'huissier au possesseur ou détenteur du fonds contigu d'élever une construction.

(1) Le trouble justifiant l'action ne doit pas être confondu avec le dommage : d'une part, un dommage n'est pas nécessaire, d'autre part un dommage n'impliquant aucune atteinte présente ou future à la possession au texte ne suffirait pas.

2. La dénonciation de nouvel œuvre : action par laquelle le possesseur ou détenteur d'un immeuble demande *que cesse le trouble résultant de travaux* entrepris par le voisin et susceptibles de nuire à la jouissance de son fonds ; p. ex. au cas où le voisin édifie un barrage qui détourne les eaux coulant sur un fonds.

3. La réintégrande : action par laquelle tout possesseur ou détenteur *dépossédé par voie de fait* demande sa remise en possession (1).

Conditions d'exercice des actions possessoires.

1. Compétence : tribunal d'instance du lieu de la situation de l'immeuble (C. org. jud. art. 321-9) quelle que soit la valeur des biens litigieux ; — appel toujours possible.

2. Exercice de l'action.

— *Condition* : posséder ou détenir depuis un an au moins, — *sauf* pour la réintégrande : pas de condition de durée.

— *Délai* : l'action doit être exercée dans l'année du trouble, c.-à-d. du premier acte matériel ou juridique constitutif d'un trouble de possession.

3. — Non-cumul du « possessoire » et du « pétitoire » (2).

« La protection possessoire et le fond du droit ne sont jamais cumulés » (déc. du 28 mars 1979, art. 3 et C. pr. civ. nouv., art. 1265, al. 1) : — *en conséquence*

1) A l'égard des parties :

— *Le demandeur* au pétitoire, — p. ex. celui qui saisit le tribunal de grande instance d'un litige mettant en jeu le droit de propriété, — ne peut ensuite, abandonner l'instance au pétitoire pour agir au possessoire (3).

— *Le défendeur* ou possessoire ne peut agir au fond qu'après avoir mis fin au trouble et exécuté les condamnations prononcées contre lui par le juge du possessoire.

2) A l'égard du juge : le juge du possessoire ne doit avoir égard au « fond du droit ».

— *ni dans l'administration de la preuve* : « Les mesures d'instruction ne peuvent porter sur le fond du droit ». — « Le juge peut toutefois examiner les titres à l'effet de vérifier si les conditions de la protection possessoire sont réunies ».

— *ni dans le jugement* : le juge doit se borner à rechercher *si est établi le fait de la possession utile*, sans se préoccuper, ni

(1) Interprétation large de la notion de voie de fait (qui n'implique pas nécessairement la violence : p. ex. l'apposition d'un verrou pour s'opposer à l'accès d'un locataire).

(2) **Action pétitoire**, sanctionnant un droit réel immobilier, p. ex. l'action en revendication sanctionnant *le droit* de propriété (*infra*, p. 66) ; — **action possessoire** sanctionnant *le fait* de la possession ou de la détention.

(3) Ce qu'il pourrait être tenté de faire si, craignant de succomber au pétitoire, il estime qu'il pouvait gagner au possessoire (et s'assurer ainsi la position de possesseur-défendeur au procès, la charge de la preuve incombant à l'adversaire).

directement ni incidemment, de l'existence ou non du droit de propriété ; — et ne pourrait maintenir ou mettre une partie en possession au motif qu'elle justifie de son droit de propriété, ni même surseoir â statuer jusqu'à ce que le juge du pétitoire ait lui-même statué.

D. — Effet particulier de la possession en matière mobilière.

En matière mobilière, la possession confère la propriété *instantanément* au possesseur de bonne foi (*infra*, p. 51, la règle « *En fait de meubles la possession vaut titre* »).

SECTION 2. — ACQUISITION DE LA PROPRIÉTÉ IMMOBILIÈRE PAR L'EFFET DE LA POSSESSION : LA PRESCRIPTION ACQUISITIVE OU USUCAPION.

Principe : en matière immobilière, la possession prolongée fait acquérir la propriété (et les autres droits réels principaux), — *fondement* : nécessité de consolider les situations acquises.

§ 1. — Conditions de l'usucapion.

Deux sortes d'usucapions : 1° la *prescription trentenaire* ; — 2° la *prescription abrégée.*

I. — La prescription trentenaire (art. 2219 et s.)

Conditions.

1° Qu'il s'agisse d'un *immeuble susceptible d'être acquis par prescription* : immeuble « dans le commerce » (art. 2226), — ce qui exclut, notamment, les immeubles du domaine public ;

2° qu'il y ait *possession au sens juridique* ;

3° que la possession *ait duré un certain temps.*

1. Possession au sens juridique,

— et *non simple détention* (art. 2236) ;

— que la possession soit *utile*, c.-à-d. *continue, paisible, publique, non équivoque* (*supra*, p. 41) ;

— mais il n'est *pas nécessaire qu'elle soit de bonne foi.*

2. Durée de la possession.

Délai : **30 ans.**

Computation du délai (art. 2260 et 2261) : le jour initial ne compte pas ; la prescription est acquise quand le dernier jour du délai est accompli.

Jonction des possessions : il n'est pas nécessaire que la même personne ait possédé pendant tout le délai : « ... on peut joindre à sa possession celle de son auteur ... » (art. 2235).

Pas d'autre condition requise : *ni titre, ni bonne foi exigés* : — la prescription s'accomplit même au profit de l'usurpateur ou du possesseur *de mauvaise foi.*

Interruption et suspension de la prescription.

a) Interruption.

Effet : le temps couru ne compte plus ; la prescription recommence à courir à compter de l'acte interruptif.

Causes :

1. *Interruption naturelle* : « lorsque le possesseur est privé pendant plus d'un an de la jouissance de la chose soit par l'ancien propriétaire, soit même par un tiers » (art. 2243).
2. *Interruption civile* : p. ex. au cas où le propriétaire assigne le possesseur (art. 2244).
3. *Reconnaissance du droit exercé* : cas où le possesseur reconnaît le droit de celui contre qui il prescrit (art. 2248) ; p. ex. le propriétaire obtient du possesseur un écrit renonçant à la possession antérieure (1).

b) Suspension.

Effet : le temps couru compte ; après cessation de la cause de suspension, la prescription continue et le temps déjà couru s'ajoute.

Causes : la prescription est suspendue

a) contre les *mineurs* non émancipés et les *majeurs en tutelle* (art. 2252) ; — sauf pour les « prescriptions particulières » des art. 2271 et s. (art. 2278) ;

b) *entre époux* (art. 2253), — mais elle court contre la femme mariée sous les régimes attribuant au mari l'administration des biens de celle-ci ; p. ex. au cas où un tiers usucape contre elle, — « sauf son recours contre le mari » qui a négligé d'interrompre la prescription (art. 2254) ;

c) *en cas de force majeure* ; p. ex. si le propriétaire est empêché d'agir par force majeure (cas non prévu par la loi (2), mais admis par la jurisprudence, malgré les termes de l'art. 2251).

(1) Si le possesseur reconnaît qu'il ne détient qu'en vertu d'un titre précaire (p. ex. à titre de locataire), la prescription ne pourra plus recommencer, s'agissant d'une simple détention.

(2) Sauf lois de circonstances ; notamment en cas de guerre (loi du 1er sept. 1939, suspendant toutes prescriptions en faveur des mobilisés).

II. — La prescription abrégée (art. 2265 et s.).

Conditions : comme pour la prescription trentenaire,

1° qu'il s'agisse d'un *immeuble susceptible d'être acquis par prescription* ;

2° qu'il y ait *possession,*

et, en outre,

3° que le possesseur ait *juste titre,*

4° s'il s'agit d'un acte sous seing privé, qu'il ait *date certaine* (1),

5° que le possesseur soit de *bonne foi.*

a) Juste titre.

Acte juridique qui aurait transféré la propriété s'il avait été valable.

Conditions :

1. qu'il s'agisse d'un acte *translatif* (p. ex. une vente) ; — non d'un acte déclaratif (p. ex. un partage) ;
2. *à titre particulier* ; — non à titre universel : le successeur universel continue la personne du défunt et n'a pas de titre nouveau ;
3. que l'acte existe réellement, — non qu'il s'agisse d'un titre *putatif* (*supra*, p. 43) ;
4. que l'acte *ne soit pas nul* pour défaut de forme (art. 2267) ou pour toute autre cause de nullité absolue ; — *a contrario*, non pour nullité relative.

b) Bonne foi : le possesseur est de bonne foi quand il *croit* avoir acquis l'immeuble du véritable propriétaire.

1. Il suffit que la bonne foi existe *au moment de la prise de possession* (art. 2269) : peu importe qu'elle dure ou non pendant tout le temps de la possession.
2. La bonne foi *se présume* (art. 2268).

Durée de la possession.

Délai : **10 à 20 ans** (art. 2265 et 2266).

— 10 *ans*, si le véritable propriétaire est domicilié dans le ressort de la Cour d'appel où est situé l'immeuble ;

— 20 *ans*, s'il est domicilié hors dudit ressort ;

— s'il a eu son domicile, en différents temps, dans le ressort et hors du ressort, on totalise le nombre d'années de domicile dans le ressort et on ajoute au chiffre ainsi obtenu, le double des années nécessaires pour parfaire la prescription de dix ans ; ex.

(1) **Date certaine** : un acte sous seing privé n'est opposable aux tiers que s'il a acquis *date certaine,* — laquelle s'acquiert par l'enregistrement de l'acte (date du jour de l'enregistrement) ; par la mort de celui ou de l'un de ceux qui l'ont signé (date au jour du décès) ; par la constatation de l'acte sous seing privé dans un acte authentique, v. *Mémento de droit civil, Obligations*, 8e éd., p. 85.

s'il y a eu six ans de domicile dans le ressort, il faudra deux fois quatre ans en plus, pour parfaire le délai de prescription, qui sera ainsi de quatorze années.

Computation du délai : mêmes règles que pour la prescription trentenaire.

Jonction des possessions : même règle ; — mais

a) si le possesseur est un *successeur à titre universel* (héritier *ab intestat* ou légataire), il continue la personne du défunt ; par suite

— si le défunt prescrivait par 10 à 20 ans (avec juste titre et bonne foi), le successeur continue, même s'il est de mauvaise foi ;

— si le défunt prescrivait par 30 ans (sans juste titre, ni bonne foi), le successeur ne peut prescrire par 10 à 20 ans, même s'il est de bonne foi.

b) si le possesseur est un *successeur à titre particulier*, il y a deux possessions distinctes, celle de l'auteur et celle de l'ayant cause : jonction possible, seulement s'il y a juste titre et bonne foi des deux.

Interruption et suspension : mêmes règles que pour la prescription trentenaire.

§ 2. — Effets de l'usucapion accomplie.

L'usucapion accomplie *fait acquérir la propriété* (v. art. 712).

Mais :

a) Le bénéfice de la prescription est *facultatif* pour le possesseur qui, défendeur à la revendication, peut ne pas l'invoquer ; — « Les juges ne peuvent pas suppléer d'office le moyen résultant de la prescription » (art. 2223).

b) Possibilité pour le possesseur qui a capacité d'aliéner, de *renoncer à la prescription accomplie*, non avant (art. 2222), — renonciation qui peut être

— soit *expresse*,

— *soit tacite* par « un fait qui suppose l'abandon du droit acquis » ; p. ex. la conclusion d'un bail à titre de locataire.

Effet rétroactif.

Si la prescription est acquise, le droit de propriété du possesseur remonte au jour où il a commencé à prescrire.

Conséquence, en ce qui concerne les *droits consentis sur l'immeuble, pendant le délai de prescription*, soit par le possesseur, soit par le propriétaire : par le possesseur, les droits sont consolidés ; par le propriétaire, ils sont anéantis rétroactivement.

SECTION 3. — **ACQUISITION DE LA PROPRIÉTÉ MOBILIÈRE PAR L'EFFET DE LA POSSESSION.**

En matière mobilière, **effet acquisitif instantané** de la possession,

— en cas de prise de possession d'une chose mobilière n'appartenant à personne : *l'occupation* ;

— en cas de tradition d'un meuble déjà approprié : règle « *En fait de meubles, la possession vaut titre* ».

§ 1. — L'occupation.

Fait d'appréhender une chose *mobilière* n'appartenant à personne.

Domaine d'application.

A. Cas à écarter :

1. *Biens « vacants et sans maître »* appartenant à l'Etat (art. 539 et 713) (1).

2. *Successions en déshérence*, c.-à-d. celles des personnes qui décèdent *ab intestat* (2), sans hériter ou auxquelles les héritiers appelés ont *renoncé* : appartiennent à l'Etat (art. 539 et 768).

B. Cas d'application.

1. **Les choses communes** (art. 714) ; p. ex. l'air, l'eau courante, la mer ; — sous réserve, p. ex. pour l'eau courante des cas où celle-ci est susceptible d'appropriation (*supra*, p. 8, *Propriété des eaux*).

2. **Les choses qui n'ont jamais eu de maître** : le gibier et le poisson ; — sous réserve de la réglementation de la chasse et de la pêche (art. 715).

3. **Les choses (volontairement)** abandonnées par leur propriétaire ; p. ex. les choses déposées sur des tas d'ordure.

4. **Trésor** : au sens juridique, chose mobilière « cachée ou enfouie » (art. 716).

Conditions :

1. qu'il s'agisse d'une chose mobilière ;

(1) Malgré la formule légale, il s'agit seulement des immeubles ; les art. 715, 716 et 717 qui prévoient l'appropriation par occupation de certains meubles, renvoient à « des lois particulières ».

(2) C.-à-d. sans avoir disposé de leurs biens par testament.

2. enfouie dans le sol, ou cachée dans une construction ou dans un meuble ;
3. sur laquelle personne ne peut justifier d'un droit de propriété : ne serait pas suffisante l'affirmation du propriétaire du fonds qu'il connaissait l'existence du trésor et que celui-ci était sa propriété, s'il ne fait état d'aucun titre et que son comportement soit incompatible avec le droit allégué ;
4. découvert « par le pur effet du hasard » ; — non p. ex. au résultat de travaux effectués pour le découvrir.

A qui appartient le trésor.

a) Si le trésor est *découvert par le propriétaire du sol*, de la construction ou du meuble : au propriétaire.

b) S'il est *découvert par un tiers* : moitié à celui qui l'a découvert (*l'inventeur*), moitié au propriétaire.

5. Epaves.

Choses dont le propriétaire *involontairement* dépossédé, est inconnu (1).

Différentes sortes d'épaves :

— *maritimes* ; tous objets, provenant de naufrages ou de jet de marchandises, qui sont trouvés en mer ou sur le rivage ;

— *fluviales* ; qui se trouvent dans les cours d'eau du domaine public ;

— *terrestres* ; p. ex. un portefeuille trouvé dans la rue ; un animal égaré ; des objets abandonnés après avoir été confiés à un transporteur ; ou laissés chez un aubergiste ; ou chez un ouvrier à façon ; ou laissé en souffrance dans les gares.

A qui appartiennent les épaves.

a) *Epaves maritimes* (ord. sur la marine de 1681, liv. IV, tit. IX, mod. et, en dernier lieu, déc. du 4 févr. 1965) : suivant les cas, tout à l'Etat ou partie à l'Etat et partie à l'inventeur ; — *mais* réglementation en vue du sauvetage des épaves (déclaration obligatoire etc.).

b) *Epaves fluviales* (ord. des eaux et forêts, août 1669) : à l'Etat.

c) *Epaves terrestres* : leur sort est réglé « par des lois particulières » (art. 717, al. 2) ;

Un cas particulier, cependant courant, n'est réglé par aucune loi particulière : celui qui trouve un objet n'a pas le droit de se l'approprier sous peine de commettre un vol ; il doit le déposer entre les mains de l'autorité administrative (bureau des objets trouvés, à défaut, mairie ou commissariat de police) ; après une année sans que l'objet ait été réclamé par son propriétaire, *l'usage*

(1) Il s'agit de « choses perdues dont le maître ne se représente pas » (art. 717, al. 2) parce que, le plus souvent, il est dans l'impossibilité de les réclamer, ignorant ce qu'elles sont devenues.

est de le remettre à l'inventeur ; sans que celui-ci en acquiert pour autant la propriété ; il ne deviendra propriétaire que par prescription trentenaire.

§ 2. — La règle « En fait de meubles, la possession vaut titre ».

1. — Le principe.

« En fait de meubles, la possession vaut titre » (art. 2279). — c.-à-d. titre de propriété

Justification : nécessité d'assurer la sécurité des transactions sur les meubles pour lesquels (à la différence des immeubles) il est difficile de vérifier les droits de l'aliénateur, celui-ci n'ayant, le plus souvent, d'autre titre que la possession.

Fondement : présomption légale de propriété en faveur de celui qui possède le meuble.

Domaine d'application : chaque fois qu'une chose a été acquise *a non domino* (d'un non-propriétaire).

2. — Conditions d'application.

A. — Condition relative à la chose.

Qu'il s'agisse d'une *chose mobilière susceptible d'être détenue matériellement* et qui n'ait été *ni perdue ni volée.*

1. **Tous les meubles corporels** ; p. ex. les meubles meublants.

A l'exception :

a) des biens non susceptibles d'appropriation privée ; p. ex. les meubles du domaine public (1) ;

b) des universalités mobilières dont la propriété est indivise entre le possesseur et d'autres personnes, tels les biens mobiliers dépendant d'une succession (2) — ou les *universalités de fait* : les fonds de commerce ;

c) des meubles dont le transfert est soumis à publicité : navires, bateaux de plaisance (au-delà d'un certain tonnage), aéronefs (3) ;

(1) Encore qu'aucune marque ne révèle, le plus souvent, que le meuble est affecté à un service public.

(2) Car la possession *ne peut porter sur l'universalité des biens* elle-même ; — mais, sur tel bien meuble en particulier faisant partie de l'universalité.

(3) L'immatriculation administrative des voitures automobiles est sans incidence sur l'application de l'art. 2279 ; mais le gage portant sur le véhicule est opposable à l'acquéreur s'il a été publié (déc. du 30 sept. 1953).

d) **des meubles perdus ou volés :** *volés,* c.-à-d. frauduleusement soustraits (C. pén. art. 379) ; — non si le meuble a été détourné ou appréhendé au résultat d'un abus de confiance (C. pén. art. 408) ou d'une escroquerie (C. pén. art. 405) (1) (*infra* p. 52).

2. Non les meubles incorporels ; — p. ex. *une créance* : celui qui acquiert une créance d'un non-créancier ne devient pas créancier ; — *à moins que* la créance ne soit constatée par un titre et, de ce fait, « incorporée dans le titre » ; p. ex. un titre au porteur (sous réserve du régime particulier des titres au porteur dont le propriétaire a été dépossédé, *infra*, p. 54).

B. — Conditions relatives à la possession.

1. Que l'acquéreur ait été mis *en possession* : possession « réelle » concrétisée par une mainmise effective sur la chose (v. l'art. 1141 faisant une application de l'art. 2279 et qui parle de « détention réelle » ; car seule une telle possession est susceptible de renseigner les tiers.

2. Qu'il s'agisse

a) d'une possession et non d'une simple détention, p. ex. au résultat d'un prêt, d'un louage, d'un dépôt (2).

b) exempte de vices (*supra*, p. 41), mis à part le vice de discontinuité qui est ici sans application, l'acquisition de la propriété se réalisant instantanément ; quant aux caractères public et non équivoque de la possession, leur considération n'intervient qu'en cas de conflit entre le possesseur et son auteur.

c) de bonne foi (3) (4) c.-à-d. que le possesseur ait *cru* contracter avec le véritable propriétaire (condition non énoncée par l'art. 2279, mais visée à l'art. 1141).

Preuve : aucune preuve à faire par le possesseur ; c'est au revendiquant, qu'il appartient de prouver qu'il s'agit d'une simple détention (v. art. 2230), — ou que la possession est

(1) *Abus de confiance* p. ex. si le propriétaire s'étant dessaisi de la chose en la remettant à un tiers pour la réparer, celui-ci la vend ; — *escroquerie* p. ex. si le propriétaire s'est dessaisi de la chose à la suite de l'emploi d'un moyen frauduleux par l'acquéreur.

(2) Toutefois le créancier gagiste qui a traité avec un non-propriétaire et qui, de ce fait, ne peut invoquer une possession à titre de propriétaire, est considéré comme ayant une véritable possession en vertu de son droit de gage et peut bénéficier de l'art. 2279 contre le véritable propriétaire qui réclamerait sa chose mise en gage ; de même, le tiers acquéreur de la chose.

(3) Même *définition* de la bonne foi qu'en matière d'usucapion décennale ; — même *présomption* de bonne foi.

(4) La bonne foi n'est exigée *qu'au moment de la prise de possession* ; si le propriétaire du meuble apprend ultérieurement qu'il l'a acquis d'un non-propriétaire, son droit de propriété n'en demeure pas moins inattaquable civilement, — ni pénalement (au regard du recel, C. pén. art. 460).

entachée d'un vice ; — ou que le possesseur est de mauvaise foi (1).

3. — Effets de la règle : « En fait de meubles ... ».

A. — Dans les rapports entre l'acquéreur *a non domino* et le véritable propriétaire,

La possession confère *instantanément et directement* au possesseur le droit de propriété sur la chose, au même titre qu'un mode originaire d'acquisition.

En conséquence, si les conditions exigées par le texte sont remplies, le possesseur peut repousser l'action en revendication du véritable propriétaire.

Cas où, par dérogation, la revendication est possible : meubles perdus ou volés (art. 2279, al. 2).

1. Revendication exercée contre l'inventeur ou le voleur (qui sont possesseurs *de mauvaise foi*) : revendication possible *pendant trente ans*, du jour de la perte ou du vol (2).

2. Revendication contre un acquéreur de bonne foi.

« Celui qui a *perdu* ou à qui il a été *volé* une chose, peut la revendiquer pendant *trois ans* (3), à compter du jour de la perte ou du vol (4), contre celui dans les mains duquel il la trouve ... ».

Application

— seulement aux cas de *perte* ou de *vol*,

— non au cas où le propriétaire, ayant confié la chose à autrui au titre de l'un des contrats prévus par l'art. 408, C. pén., celui-ci la détourne, (abus de confiance) ;

— ni au cas où la chose a été remise à un tiers à la suite d'une manœuvre frauduleuse de ce dernier (escroquerie, C. pén., art. 405).

Cas où le remboursement du prix peut être demandé par l'acquéreur de bonne foi.

En principe, l'acquéreur de bonne foi évincé ne peut se faire rembourser le prix.

(1) La jurisprudence fait preuve, d'ailleurs, d'une certaine sévérité dans l'appréciation de la bonne foi (qui se présume) : est de mauvaise foi celui qui, acquérant un meuble, n'a pas pris toutes précautions « que lui dictaient les conditions mêmes dans lesquelles il a traité » ; p. ex. s'il s'agit d'un meuble acquis d'un colporteur qui se présente aux domiciles d'acheteurs éventuels.

(2) De l'action en revendication, il faut distinguer l'action par laquelle la victime du vol demande à être indemnisée du préjudice qu'elle a subi : cette action est alors soumise au délai de prescription de l'action publique qui est de trois ans (appl. C. pr. pén., art. 10).

(3) *Délai préfix* et non délai de prescription ; d'où pas d'interruption, ni de suspension.

(4) Et non du jour où le tiers a commencé à posséder.

Mais il peut exiger le remboursement *du prix payé*, si le meuble a été acquis « dans une foire, ou dans un marché, ou dans une vente publique, ou d'un marchand vendant des choses pareilles » ; — dans ce cas, en effet, l'acquéreur ne pouvait supposer qu'il s'agissait d'un meuble perdu ou volé.

B. — Dans les rapports entre le possesseur et son auteur.

Il s'agit ici *du possesseur qui tient la chose de son véritable propriétaire* (1), au résultat d'un acte translatif de propriété, p. ex. vente de meuble, donation, dont la nullité ou la résolution serait invoquée par le revendiquant, ou seulement d'un acte ayant donné naissance à des obligations personnelles, p. ex. louage, prêt, dépôt, *le possesseur se retranchant* derrière l'art. 2279 :

— si les faits ou actes allégués par le revendiquant sont prouvés, le défendeur est tenu d'une obligation personnelle de restitution : est alors écartée l'application de l'art. 2279.

— dans le cas contraire, le défendeur peut invoquer l'art. 2279 sans avoir à produire de titres : — *à condition que* sa possession soit *utile*, en particulier ni équivoque ni clandestine ; — la possession fait alors *présumer* le titre, mais sous réserve de la preuve contraire (2).

4. — Règles particulières en cas de dépossession de titres au porteur (déc. du 11 janv. 1956) (3).

Domaine d'application

— *quant à la chose* : il s'agit de titres au porteur ayant le caractère de valeurs mobilières, notamment les titres émis par les sociétés ; — à *l'exclusion* des engagements au porteur souscrits par les particuliers, tels les effets de commerce ;

— *quant à la dépossession du propriétaire* : régime applicable non seulement en cas de perte ou vol du titre, mais de dépossession « par quelqu'événement que ce soit ».

A. — Double opposition par le propriétaire dépossédé.

1. *L'une pour empêcher la négociation du titre* : opposition par acte d'huissier ou lettre recommandée à la Chambre syndicale des agents de change de Paris, requérant de publier les numéros des titres au *Bulletin officiel des oppositions.*

(1) La possession n'a pas alors pour utilité de couvrir le défaut de qualité de l'auteur puisque celui-ci est le véritable propriétaire.

(2) En matière de *don manuel*, il est fréquent que le possesseur déclare que le meuble lui a été donné : le fait même de sa possession le dispense de prouver l'existence de son titre d'acquisition, le don ; le revendiquant (souvent les héritiers) doivent alors faire tomber la présomption par tous éléments de fait utiles.

(3) Règles particulières qui se justifient, notamment, par le fait qu'il s'agit le plus souvent de titres acquis en Bourse.

Effet : toute négociation du titre, postérieure à la publication, est sans effet à l'égard de l'opposant.

2. *L'autre pour empêcher le paiement du capital ou des intérêts* échus ou à échoir, au tiers porteur : opposition dans les mêmes formes, *à la personne morale* (p. ex. la société) *qui a émis le titre.*

Effet : interdiction pour la personne morale de payer capital ou intérêt et de faire « aucune opération » intéressant les titres.

B. — Droit pour l'opposant de se faire autoriser par le juge d'instance à percevoir les intérêts et même les sommes en capital qui deviendraient exigibles.

Conditions :

1° délai de deux ans à compter de l'opposition ;

2° fournir *garantie* suffisante pour un remboursement éventuel, pendant un délai de deux ans pour les intérêts et cinq ans pour le capital.

C. — Droit pour l'opposant d'obtenir, après cinq ans, un duplicata du titre disparu.

CHAPITRE II. — **ACQUISITION DE LA PROPRIÉTÉ PAR L'EFFET DES CONTRATS**

§ 1. — Le principe.

1. « La propriété des biens s'acquiert et se transmet ... par l'effet des obligations (art. 711), c.-à-d. par l'effet des contrats.

2. En vertu du seul accord des parties (art. 1138).

3. Mais sous réserve de certaines atténuations concernant le transfert de la propriété à l'égard des tiers.

Règles s'appliquant non seulement au droit de propriété, mais *à tous autres droits réels* ; ainsi, on peut constituer une servitude par simple accord de volonté (sous réserve des difficultés de preuve).

Conditions (de l'acquisition de la propriété par l'effet des contrats) : les conditions de formation et de validité des contrats en général (1).

1. Condition de fond : *consentement* exempt de vices (erreur, dol, violence) ; — *capacité* ; — *objet*, certain et licite ; — *cause* licite.

2. Conditions de forme.

En principe, pas de forme particulière exigée, conformément au droit commun des obligations ; — application de la *règle de la*

(1) V. *Mémento de droit civil. Les obligations*, 8ᵉ éd., p. 8 et s.

consensualité des contrats (1) : le contrat se forme par le seul accord des parties exprimé en une forme quelconque.

Exceptions :

— **donations entre vifs** : acte notarié à peine de nullité (art. 931) (2).

— **actes constitutifs ou translatifs de droits réels immobiliers**, lesquels sont soumis à la *publicité foncière* : « Tout acte sujet à publicité dans un bureau des hypothèques doit être dressé *en la forme authentique* » (déc. du 4 janv. 1955 portant réforme de la publicité foncière, art. 4) ; c.-à-d. *par acte notarié*, — sous peine non pas de nullité, mais **d'inopposabilité aux tiers**.

§ 2. — Transfert instantané de la propriété.

Principe : le contrat (vente, donation, échange, etc.) fait passer la propriété, du patrimoine de l'aliénateur dans celui de l'acquéreur, dès l'instant où il est conclu, sans aucune autre formalité (3).

Le principe est énoncé par l'art. 1138 relatif aux effets de *l'obligation de donner* en général : « L'obligation de livrer la chose est parfaite par le seul consentement de parties contractantes » (4).

Condition d'application et conséquences.

A. — Transfert de propriété entre parties (5).

a) Conditions, — outre que le contrat satisfasse aux conditions de formation et de validité des contrats,

1. Que *l'aliénateur* soit *titulaire du droit transmis*, nul ne pouvant transmettre plus de droits qu'il n'en a ; — d'où nullité de la vente de la chose d'autrui (art. 1599).

Mais si le contrat est passé avec un **propriétaire apparent**, considéré par tous comme véritable propriétaire, la propriété est néanmoins transférée à l'acquéreur de bonne foi.

(1) V. *Mémento de droit civil. Les obligations*, 8e éd., p. 26.
(2) Exigé pour que l'attention des parties soit attirée sur les conséquences juridiques de l'acte.
(3) V. aussi *art.* 938 « La donation duement acceptée sera parfaite par le seul consentement des parties ; et la propriété des objets donnés sera transférée au donataire sans qu'il soit besoin d'autre tradition » ; — et *art.* 1583 « Elle (la vente) est parfaite entre les parties, et la propriété est acquise de droit à l'acheteur à l'égard du vendeur dès qu'on est convenu de la chose et du prix, quoique la chose n'ait pas encore été livrée ou le prix payé ».
(4) Un contrat même non authentique et même un simple accord verbal sur la chose et le prix suffit à transférer la propriété d'un immeuble ; — sous réserve, sans doute, les difficultés de preuve, mais cette considération ne touche pas le fond du droit.
(5) Y compris les successeurs universels.

2. Que les parties ne soient pas *convenues* de reculer le moment de transfert de la propriété, p. ex. jusqu'au paiement du prix, en vertu d'une **clause de réserve de propriété** (loi du 12 mai 1980 complétant l'art. 65 de la loi du 13 juill. 1967 sur les faillites).

3. Qu'il s'agisse d'un *corps certain* ; — pour les **choses de genre** (*meubles*, p. ex. tant d'hectolitres de blé de telle qualité, ou *immeubles*, p. ex. tant d'hectares de terre à prendre dans un domaine), la propriété est transférée seulement au moment où la chose est *individualisée* ; — pour les **choses futures** : p. ex. un meuble commandé à un fabricant : au moment où la chose est réalisée.

b) Conséquences : dès l'instant du contrat,

1. le bien *passe du patrimoine de l'aliénateur dans celui de l'acquéreur* (même si l'aliénateur reste en possession de la chose) (1) ; — et devient le *gage* de ses créanciers qui, seuls, peuvent, désormais, le saisir ;
2. si la chose vendue *périt par cas fortuit* : *risques* pour l'acquéreur ;
3. *fruits* pour l'acquéreur ;
4. *responsabilité du fait de la chose* : à la charge de l'acquéreur.

B. — Transfert de propriété à l'égard des tiers.

Inconvénients de l'effet translatif des contrats pour les tiers qui n'ont pas connaissance du transfert ; en particulier, lorsque l'aliénateur reste en possession de la chose meuble ou immeuble (2).

Inconvénients auxquels il est remédié :

— pour les *aliénations immobilières*, par un système de *publicité foncière* ;

— pour les *aliénations mobilières*, par l'application de la règle « En fait de meubles, la possession vaut titre ».

1. Immeubles.

Principe : le transfert de propriété n'est opposable aux tiers, que *si l'acquéreur a fait publier le transfert*, conformément à la loi.

Publicité foncière (réorganisée par le déc. du 4 janv. 1955) (3).

(1) Auquel cas le vendeur n'est plus que *détenteur* de la chose et, s'il s'agit d'un meuble, en qualité de dépositaire ; s'il détourne la chose, p. ex. en la vendant à un tiers, il commet un abus de confiance (C. pén., art. 408).

(2) En matière mobilière, notamment, un acquéreur éventuel ne peut savoir si le vendeur, demeuré en possession de la chose, n'a pas cessé d'en être propriétaire par une précédente aliénation ; — les créanciers du vendeur ne peuvent saisir les meubles restés en sa possession si ceux-ci ont été vendus et non encore livrés, etc.

(3) V. *Mémento de droit civil. Sûretés. Privilèges et hypothèques. Publicité foncière*, 6e éd., p. 69.

Publicité par dépôt à la *Conservation des hypothèques* d'une copie de l'acte (nécessairement notarié), faite sur des formules réglementaires.

Effet de la publicité : la publicité rend le transfert opposable aux tiers ; — *sens du mot* « tiers » : toutes personnes « qui sur le même immeuble, ont acquis *du même auteur* des droits concurrents, en vertu d'actes soumis eux-mêmes à publicité et régulièrement publiés » ; p. ex. cas où le même immeuble est vendu successivement à deux acquéreurs ; entre les deux acquéreurs sera préféré celui qui aura publié son titre le premier.

2. Meubles.

Principe : la propriété est transférée, *même à l'égard des tiers, par le seul accord des parties ;* — *justification* : impossibilité d'organiser un système de publicité en raison de la mobilité des meubles.

Remède aux inconvénients de l'effet translatif des contrats :

1. Pour les *meubles corporels* (y compris les titres au porteur), rôle de la possession : art. 2279 (*supra*, p. 51), — dont l'art. 1141 fait application au cas où le même meuble est vendu successivement à deux personnes : « celle des deux qui en a été mise en possession réelle est préférée et en demeure propriétaire, encore que son titre soit postérieur en date », — à condition qu'elle soit de bonne foi.
2. Pour *certains meubles*, la loi a prévu un système de publicité des transferts, le transfert n'étant opposable aux tiers que si la publicité a été effectuée (*supra*, p. 52) (1).
3. Pour les *créances* : publicité de la cession par signification au débiteur (art. 1690).

CHAPITRE III. — **ACQUISITION DE LA PROPRIÉTÉ PAR ACCESSION**

Accession : mode d'acquisition de la propriété qui confère au propriétaire d'une chose principale la propriété des choses accessoires s'unissant à cette chose (art. 551).

(1) Pour les *fonds de commerce*, la loi a organisé la publicité des transferts, mais seulement dans le but de protéger les créanciers du vendeur en leur permettant de faire opposition sur le prix de vente ; non pour rendre le transfert opposable aux tiers.

SECTION 1. — **ACCESSION AU PROFIT D'UN IMMEUBLE.**

Deux sortes d'accessions : 1. *accession naturelle*, tenant au fait de la nature ; — 2. *accession du fait de l'homme.*

§ 1. — Accession naturelle.

1. **Acquisition des animaux** qui se fixent sur un fonds (*supra*, p. 8).

2. **Acquisition des atterrissements des cours d'eaux.**

a) **Alluvion** (art. 556) : atterrissements « qui se forment successivement et imperceptiblement aux fonds riverains » d'un cours d'eau ; — la *propriété* appartient au propriétaire riverain.

b) **Avulsion** (art. 559) : atterrissement provenant de l'enlèvement soudain d'une partie d'un fonds, qui se trouve portée vers un autre fonds, inférieur ou sur la rive opposée ; — *la propriété* de la partie enlevée peut être réclamée par son propriétaire dans l'année ; passé ce délai, demande non recevable, à moins que le propriétaire de l'autre fonds n'en ait pas encore pris possession.

c) **Formation d'îles et d'ilôts** dans le lit d'un cours d'eau.

— *Cours d'eau domaniaux* : appartiennent à l'Etat, « s'il n'y a titre ou prescription contraire » (art. 560).

— *Cours d'eau non domaniaux ou mixtes* : appartiennent aux propriétaires riverains du côté où l'île s'est formée et, si elle ne s'est pas formée d'un seul côté, aux propriétaires riverains des deux côtés « à partir de la ligne qu'on suppose tracée au milieu de la rivière » (art. 561).

d) **Abandon par un cours d'eau de son ancien lit.**

— *Cours d'eau domaniaux* (art. 563) : le lit abandonné appartient à l'Etat ; chaque propriétaire riverain peut acquérir la propriété de l'ancien lit « jusqu'à une ligne qu'on suppose tracée au milieu de la rivière » et moyennant prix fixé à dire d'expert ; — sinon, vente par l'Etat et prix distribué aux propriétaires des fonds occupés par le nouveau cours.

— *Cours d'eau non domaniaux ou mixtes* (C. rur., art. 100) : « les propriétaires des fonds sur lesquels le nouveau lit s'établit, sont tenus de souffrir le passage des eaux, sans indemnité » ; — mais ils peuvent, ainsi que les propriétaires riverains du lit abandonné, prendre, dans l'année, les mesures nécessaires pour rétablir l'ancien cours.

§ 2. — Accession du fait de l'homme : acquisition par accession de la propriété des constructions et plantations.

« Toutes les constructions, plantations et ouvrages sur un terrain ... sont présumées faites par le propriétaire (du terrain) et lui appartenir » (art. 553).

Deux cas

1. Le propriétaire *du sol* construit (ou plante) avec des matériaux appartenant à autrui.

2. Le propriétaire des matériaux construits (ou plante) sur le sol d'autrui.

I. — Constructions (1) édifiées avec les matériaux d'autrui (art. 554).

Principe : le propriétaire du sol qui a construit avec les matériaux d'autrui, devient propriétaire des constructions, — même s'il est de mauvaise foi (2).

En conséquence, le propriétaire des matériaux (qui a cessé d'en être propriétaire et n'a plus qu'un droit de créance) ne peut les reprendre, — ni même les revendiquer si la construction venait à être démolie, son droit de propriété étant éteint.

Indemnisation du propriétaire des matériaux : le propriétaire des matériaux a droit à une indemnité représentant la valeur des matériaux à la date du paiement ; — et en outre à des dommages-intérêts « s'il y a lieu ».

II. — Constructions sur le sol d'autrui (art. 555).

Principe : le propriétaire du sol sur lequel un tiers a construit devient propriétaire des constructions ; — c'est, en particulier, le cas de constructions édifiées par le *possesseur* sur le terrain qu'il possède, alors qu'il n'en est pas propriétaire.

A. — Rapports entre le propriétaire du sol et le constructeur : réglés différemment suivant que le constructeur a été de bonne foi ou de mauvaise foi.

1. Constructeur de bonne foi (3).

Le propriétaire du sol

— *ne peut exiger la suppression des travaux* qu'il est donc *tenu* de conserver : l'accession joue *nécessairement* (4) ;

(1) **Tout ce qui est dit pour les constructions s'applique également aux plantations.**

(2) C.-à-d. s'il a su qu'il utilisait des matériaux appartenant à autrui.

(3) Le constructeur de bonne foi est, au sens de l'art. 555, celui qui possède le terrain sur lequel il a bâti, en vertu d'un titre translatif de propriété dont il ignore les vices.

(4) *A moins qu'il ne s'agisse du cas où* le propriétaire voisin a édifié, au-delà de son fonds, une construction *empiétant* sur le fonds contigu : le propriétaire lésé peut alors *exiger* la démolition, (même s'il n'a pas protesté contre la construction).

— mais doit indemniser le constructeur en remboursant, à son choix, soit la valeur des matériaux et le prix de la main-d'œuvre évalués à la date du remboursement ; — soit seulement la plus-value donnée au fonds.

2. Constructeur de mauvaise foi (1).

Le propriétaire du sol peut

— *soit contraindre le constructeur à enlever les constructions* et à remettre les lieux en l'état, le tout à ses frais ; — et, de plus, obtenir des dommages-intérêts « pour le préjudice éventuellement subi » ;

— *soit garder les constructions* en remboursant la plus-value donnée au fonds, — ou en payant le coût des matériaux et de la main-d'œuvre estimés à la date du remboursement, compte tenu de l'état des constructions.

Droit de rétention : la jurisprudence accorde au constructeur de bonne foi un droit de rétention tant que le propriétaire ne l'aura pas remboursé suivant l'une ou l'autre des options qui lui sont offertes, — et refuse le même droit au constructeur de mauvaise foi.

B. — Domaine d'application de l'art. 555.

1. — Application quant aux ouvrages.

L'art. 555 s'applique à toutes constructions, plantations et ouvrages sur un terrain ou dans l'intérieur » (art. 553), mais seulement s'il s'agit d'**ouvrages nouveaux.**

Pour les **réparations ou améliorations** : application de la **théorie des impenses**, sans distinction suivant que l'auteur des travaux est de bonne ou de mauvaise foi.

a) Impenses nécessaires, indispensables à la conservation de l'immeuble) : remboursement intégral.

b) Impenses utiles (qui, sans être nécessaires, ont procuré plus-value à l'immeuble) : remboursement du montant de la dépense ou de la plus-value, au choix du propriétaire, que le constructeur soit de bonne ou de mauvaise foi.

c) Impenses somptuaires (qui n'ont donné aucune plus-value à l'immeuble, mais faites seulement pour l'agrément) : pas de remboursement.

Mais quelle que soit la nature de l'impense, le propriétaire ne peut exiger la destruction des travaux et la remise en état.

(1) Est de mauvaise foi l'auteur de la construction faite sur un terrain *qu'il savait* appartenir à autrui.

2. Application quant aux personnes.

a) L'art. 555 vise le règlement des comptes entre le propriétaire et le « tiers évincé » (1), — ce qui suppose une action en revendication du propriétaire au résultat de laquelle il y a éviction du constructeur (2).

b) Extension du domaine de l'art. 555 par la jurisprudence, aux rapports entre certaines personnes précédemment liées par un rapport d'obligation.

1. Propriétaire et locataire ou fermier, considérés comme possesseurs de mauvaise foi, puisqu'ils savent que le terrain ne leur appartient pas.

a) Locataire : le propriétaire (bénéficiaire de l'accession) pourra exiger l'enlèvement des travaux ou les conserver moyennant le prix des matériaux et le coût de la main-d'œuvre.

Sauf stipulation contraire du bail — ou renonciation non équivoque du propriétaire au droit d'accession, la renonciation ne pouvant résulter du seul fait que les constructions ont été faites au vu et au su du propriétaire.

b) Fermier (C. rur. art. 84 et s.) : le fermier, à l'expiration du bail (et sauf s'il s'agit de travaux somptuaires), a droit de se faire rembourser pour les « bâtiments et ouvrages incorporés au sol », le coût des travaux calculé au jour de la sortie, déduction faite de 6 % par an pour la vétusté, — mais seulement s'il a prévenu le propriétaire et obtenu son accord à la réalisation des travaux ou si ceux-ci ont été autorisés par le tribunal paritaire.

Règles particulières pour le *bail emphytéotique* (*infra*, p. 89 et *le bail à construction*, *infra*, p. 91).

2. Propriétaire sous condition résolutoire dont le droit vient à être résolu par la réalisation de la condition (conventionnelle ou légale) ; p. ex. pour défaut de paiement du prix par l'acheteur qui perd ainsi rétroactivement la propriété des constructions qu'il a édifiées : considéré comme possesseur de bonne ou de mauvaise foi suivant qu'il a ignoré ou connu la cause de la résolution au moment de la construction.

3. Usufruitier : « l'usufruitier ne peut, à la cessation de l'usufruit, réclamer aucune indemnité pour les *améliorations* qu'il prétendrait avoir faites, encore que la valeur de la chose en fût augmentée » (art. 599, al. 2).

(1) Ce dernier terme « tiers évincé », expressément énoncé dans l'art. 555, al. 4.

(2) D'où il résulterait, dans cette doctrine, que l'art. 555 serait sans application s'il s'agissait de deux intéressés liés par un rapport obligatoire préexistant, tel bailleur et preneur.

SECTION 2. — **ACCESSION AU PROFIT D'UN MEUBLE.**

1. **Adjonction** : union de deux choses qui, néanmoins, restent reconnaissables (art. 566 à 569) ; ex. un tableau et son cadre.

2. **Mélange** : union de deux choses qui ne peuvent plus être séparées (art. 573 à 575) ; ex. deux métaux fondus en un seul lingot.

3. **Spécification** : création d'un objet par transformation d'une matière (art. 570 à 572) ; ex. avec des pièces de bois, un meuble est construit.

Propriété, v. les art. 565 et s.

TITRE V. — PREUVE DE LA PROPRIÉTÉ

SECTION 1. — **PREUVE DE LA PROPRIÉTÉ IMMOBILIÈRE** (1).

Aucune preuve ne peut résulter de la seule production du titre d'acquisition, car la propriété n'a pu être transférée que si l'auteur était lui-même propriétaire et son titre ne suffit pas à le prouver.

Deux modes de preuve : 1. *la prescription acquisitive* ; — 2. à défaut, *les présomptions de fait.*

§ 1. — Preuve par prescription acquisitive.

Fait à prouver : la *possession* par le demandeur ou par ses auteurs, pendant le temps requis (*trente ans* ou *dix à vingt ans*) (*supra*, p. 43).

Preuve de la possession : s'agissant d'un fait juridique (et non d'un acte juridique), preuve admise par tous moyens dans les termes du droit commun (2).

§ 2. — A défaut, par présomptions de fait.

La preuve directe de la propriété étant impossible, la jurisprudence admet la preuve *par présomptions de fait* et accorde préférence à celle des parties qui

(1) Absence de toute réglementation légale, en dehors de l'art. 1350-2° qui énonce présomption de propriété résultant de « certaines circonstances déterminées ».

(2) V. *Mémento de droit civil. Les obligations 8e éd. p. 80.*

produit *les meilleurs éléments* ; — compte tenu de ce que titre ou possession constituent *seulement des présomptions.*

1er cas : ni le possesseur, ni le revendiquant n'ont de titre.

Préférence est donnée à celui qui possède ; — à condition que sa possession soit *utile* (*supra*, p. 41).

Cas où la possession du défendeur n'est pas utile, p. ex. si elle n'est pas continue : le demandeur pourra invoquer

— une possession *antérieure* à celle du défendeur ; en prouvant que lui-même ou ses auteurs ont possédé, dans le passé, pendant le délai de la prescription acquisitive ;

— ou *autres circonstances* d'où résultent « présomptions meilleures que celles dont se réclame le défendeur » ; p. ex. mentions du cadastre, paiement des impôts afférents à l'immeuble litigieux, ou même une possession *qui ne serait pas utile.*

2e cas : une seule des parties produit un titre.

A. Titre produit par le possesseur : preuve faite, le défendeur en possession ayant alors titre et possession.

B. Titre produit par le revendiquant (1) :

a) si le titre est antérieur au commencement de la possession du défendeur : en principe (2), preuve faite au profit du revendiquant ;

b) si la possession du défendeur est plus ancienne que le titre et est une possession *utile*, elle prévaut sur le titre.

Peu importe

— *la nature du titre* qui peut ne pas être un titre translatif ; p. ex. document constatant paiement par le demandeur de l'impôt foncier ;

— *que le titre soit opposable au possesseur ou non* ; p. ex. jugement reconnaissant le droit de propriété du demandeur à l'encontre d'un tiers (exception à la règle de l'effet relatif des jugements), le titre étant alors retenu comme simple présomption.

3e cas : le possesseur et le revendiquant ont chacun un titre.

A. Titres émanant de la même personne : c'est alors une question de transmission du droit et non de preuve :

— *titre translatif autre qu'un testament* (c.-à-d. soumis à publicité foncière, vente ou donation) : préférence d'après priorité de transcription.

— *testament* : préférence au plus récent.

(1) Sans que le revendiquant allègue que lui-même ou ses auteurs ont possédé antérieurement.

(2) En principe seulement, car le défendeur pourrait prétendre que le titre émane d'un auteur sans droit.

B. Titres émanant de deux auteurs différents.

La préférence n'est pas accordée de plein droit à celui qui produit le titre le plus ancien.

a) *Si le défendeur (le possesseur) n'a pas possession utile,* toutes présomptions sont admises en preuve ; ce *pourrait* être l'antériorité du titre.

b) *Si le défendeur a possession utile,* les deux titres se neutralisent et l'on revient au cas ou aucune des parties n'a de titre : le possesseur l'emporte, que sa possession soit ou non antérieure au titre du demandeur et quelles que soient les dates des titres.

De plus, le demandeur peut être admis à prouver que si l'instance s'était engagée entre les auteurs respectifs des parties actuelles, son auteur l'eût emporté sur celui du défendeur (soit parce qu'il avait la possession, soit parce que l'auteur du défendeur ne l'avait pas).

SECTION 2. — **PREUVE DE LA PROPRIÉTÉ MOBILIÈRE.**

On sait (*supra*, p. 53) qu'*en principe*, le possesseur de bonne foi est propriétaire ; — et que la bonne foi se présume.

En conséquence, celui qui revendique un meuble doit prouver

— que le possesseur actuel est *de mauvaise foi* ;

— ou que sa possession n'est pas *utile* ;

— et, cela fait, il devra prouver *qu'il a, lui-même* ou par son auteur, *possédé la chose* auparavant.

Sauf dans le cas où il a été dépossédé de la chose depuis moins de trois ans, par perte ou vol : il n'aura alors à prouver, outre la perte ou le vol, que sa possession antérieure.

TITRE VI. — SANCTION DU DROIT DE PROPRIÉTÉ : L'ACTION EN REVENDICATION

Action par laquelle une personne tend à faire reconnaître son droit de propriété sur une chose mobilière ou immobilière dont elle n'a pas la possession.

Domaine de l'action en revendication.

Le propriétaire peut être *troublé dans l'exercice* de son droit de propriété sans avoir à recourir à l'action en revendication.

1. *Application de l'art.* 1382 : le propriétaire dispose d'une *action personnelle* en responsabilité (délictuelle ou quasi délictuelle) pour obtenir réparation d'un dommage causé à son bien meuble ou immeuble (1) ; — ou d'un trouble anormal résultant du voisinage (*supra*, p. 21).

2. *Si le propriétaire a remis à un tiers la détention* d'un meuble ou d'un immeuble lui appartenant, p. ex. un objet mobilier qu'il a prêté ou un immeuble qu'il a donné en location, il dispose d'une *action personnelle* née du contrat, dont il lui suffira de rapporter la preuve pour que le tiers soit tenu de restituer la chose (*supra*, p. 54) (2).

3. Le propriétaire peut encore, en matière immobilière, *se heurter à un possesseur*, mais il ne sera pas pour autant tenu d'exercer l'action en revendication : il pourra, — s'il a perdu la possession depuis moins d'un an, et si l'adversaire n'a pas une possession utile, — agir au possessoire pour se faire remettre en possession (*supra*, p. 43) ; ce sera alors à l'adversaire qu'il appartiendra de faire la preuve de son droit de propriété.

C'est donc seulement *à défaut des actions précédentes* que la sanction du droit de propriété sera assurée par l'action en revendication.

SECTION 1. — **L'ACTION EN REVENDICATION EN MATIÈRE IMMOBILIÈRE.**

1. Conditions d'exercice.

1. *Tribunal compétent* : tribunal de grande instance du lieu de la situation de l'immeuble.

2. *Qui peut agir* : toute personne qui se prétend propriétaire d'un immeuble dont elle n'a pas la possession.

3. *Contre qui* : contre le possesseur.

4. *Imprescriptibilité* de l'action en revendication (contrairement au droit commun aux termes duquel toutes actions se prescrivent par 30 ans, art. 2262) ; — mais l'action peut être paralysée par l'usucapion accomplie.

2. Preuve.

Charge de la preuve : conformément au droit commun (art. 1315), preuve à la charge du demandeur.

Modes de preuve, supra, p. 62, *Preuve de la propriété.*

(1) Dans certains cas, le dommage constitue un délit pénal ; dommage à la propriété mobilière ; p. ex. C. pén. art. R. 38, 6° — ou immobilière ; p. ex. C. pén. art. 456 punissant le bris de clôture ; — dans les deux cas, réparation peut être poursuivie par la voie pénale.

(2) Ici encore, mais seulement en matière mobilière, la restitution pourra être poursuivie par la voie pénale ; p. ex. si l'emprunteur ne restitue pas le meuble prêté, ce qui caractérise le délit d'abus de confiance (C. pén. art. 408) ; de même, s'il s'agit d'une chose remise en dépôt, etc.

3. Effets (1).

A. Restitution de l'immeuble au demandeur qui a justifié de son droit de propriété à l'égard du défendeur.

B. En outre, restitutions réciproques entre les parties.

1. Restitutions dues au propriétaire :

a) Restitution des *produits.*

b) Fruits.

— *possesseur de bonne foi* : n'a pas à restituer les fruits (*supra*, p. 42), sauf ceux produits postérieurement à l'assignation ;

— *possesseur de mauvaise foi* : doit restituer les fruits produits depuis son entrée en possession, même s'ils ont été consommés ou s'il a négligé de les percevoir.

2. Restitutions dues au possesseur.

a) Impenses (nécessaires, utiles, somptuaires) : application des règles générales (*supra*, p. 61).

b) Constructions nouvelles édifiées sur l'immeuble par le possesseur : application des règles de l'accession (*supra*, p. 60).

Droit de rétention : si au résultat du règlement des comptes entre propriétaire et possesseur évincé, ce dernier se trouve créancier du revendiquant, il pourra, *s'il est de bonne foi*, refuser de restituer l'immeuble tant que le propriétaire ne lui aura pas réglé les indemnités qui lui ont été reconnues.

SECTION 2. — L'ACTION EN REVENDICATION EN MATIÈRE MOBILIÈRE.

En principe, revendication impossible (appl. art. 2279, *supra*, p. 48).

Exceptionnellement, revendication possible, 1° si le possesseur actuel est *de mauvaise foi* ou *n'a pas possession utile* ; — 2° en cas de perte ou vol de la chose.

Exercice de l'action en revendication.

1. *Tribunal compétent* : tribunal d'instance ou tribunal de grande instance (suivant la valeur de la chose) du lieu du domicile du défendeur.

2. *Qui peut agir* : toute personne qui se prétend propriétaire d'un meuble dont elle n'a pas la possession.

(1) **Autorité relative du jugement statuant sur l'action en revendication** : autorité seulement entre les parties à l'instance : un tiers pourra toujours, ultérieurement se prétendre propriétaire de l'immeuble litigieux et soumettre au tribunal les éléments établissant son droit de propriété.

3. *Contre qui :*

— en cas de *dessaisissement volontaire* (p. ex. au cas où le propriétaire de la chose l'a prêtée) : contre le tiers à qui le meuble a été remis et contre le sous-acquéreur de mauvaise foi ;

— en cas de *perte* ou *de vol* : contre celui qui a trouvé la chose ou qui l'a dérobée, — et contre le sous-acquéreur de mauvaise foi.

4. *Délai.*

a) En cas de *dessaisissement volontaire*, contre le tiers à qui la chose a été remise et contre le sous-acquéreur de mauvaise foi : trente ans.

b) En cas de *perte* ou de *vol* :

— contre l'inventeur (celui qui a trouvé la chose perdue), ou le voleur et le sous-acquéreur de mauvaise foi : trente ans du jour de la perte ou du vol ;

— contre le sous-acquéreur de bonne foi : trois ans.

Preuve.

Charge de la preuve : conformément au droit commun (art. 1315), preuve par le demandeur.

Ce qu'il faut prouver : v. *supra*, p. 64.

Mode de preuve : tous moyens.

Effets : 1. *restitution* de la chose par le défendeur ; — 2. et, en cas de perte ou de vol, *remboursement* du prix payé, si la chose a été acquise dans une foire, un marché, etc.

DEUXIÈME PARTIE

LES DROITS RÉELS PRINCIPAUX AUTRES QUE LA PROPRIÉTÉ

Droits réels portant sur la chose qui en est l'objet, opposables à tous, comportant droit de suite et de préférence (comme la propriété), *mais ne conférant à leur titulaire que certaines prérogatives* du droit de propriété (usage et jouissance) qui sont enlevées au propriétaire de la chose.

Ce sont, notamment 1. *l'usufruit* ; — 2. *l'usage* et *l'habitation* ; — 3. *les servitudes.*

Tendance de la législation récente à conférer *au locataire* d'un immeuble, titulaire seulement d'un droit personnel, un droit présentant un certain caractère réel ; — p. ex. *baux d'habitation*, droit au maintien dans les lieux ; *baux commerciaux*, droit au renouvellement du bail ; *baux à ferme*, droit de préemption du fermier (1).

CHAPITRE I. — **L'USUFRUIT**

SECTION 1. — **GÉNÉRALITÉS.**

Usufruit : droit réel en vertu duquel une personne, *l'usufruitier*, peut user et jouir, temporairement, d'un bien appartenant à une autre personne, le *nu-propriétaire*, à charge de conserver la substance de la chose (v. déf., art. 578).

Caractères.

1. **Droit réel**, mobilier ou immobilier, suivant qu'il porte sur un meuble ou sur un immeuble.

(1) V. *Mémento de droit civil. Principaux contrats* 6e éd.

Comparaison avec le droit du locataire (ou du fermier).

Analogies.

a) L'usufruitier et le locataire (ou fermier) ont l'usage et la jouissance de la chose.

b) L'un et l'autre ne sont que des *détenteurs* qui, n'ayant qu'une possession précaire, ne peuvent usucaper.

Différences.

L'usufruit est un *droit réel* portant directement sur la chose sans qu'existe aucun rapport contractuel entre l'usufruitier et le nu-propriétaire, même si l'usufruit a été constitué par la volonté de l'homme.

Le droit du locataire (ou fermier) est un *droit personnel* ne créant que des obligations réciproques, — *en conséquence* :

a) L'usufruitier peut se prévaloir de son droit contre toute personne qui se prétend propriétaire de la chose : il dispose à cet effet de l'action confessoire (*infra*, p. 76) et des actions possessoires (*supra*, p. 43) ; — le locataire (ou fermier) ne peut agir que contre le bailleur (qui a l'obligation de le faire jouir de la chose) ;

b) le droit de l'usufruitier d'un immeuble est un droit immobilier ; — celui du locataire (ou fermier), un droit mobilier ;

c) l'usufruitier prend la chose dans l'état où elle se trouve à l'ouverture de l'usufruit (art. 600) ; — le locataire ou le fermier a le droit d'exiger que la chose lui soit remise « en bon état de réparations de toute espèce » (art. 1720, al. 1) ;

d) le nu-propriétaire n'est pas tenu des réparations d'entretien pendant la durée de l'usufruit (art. 605) ; — le bailleur est tenu de « toutes les réparations qui peuvent devenir nécessaires, autres que les locatives » (art. 1720, al. 2).

Toutefois, si le droit de l'usufruitier est un droit réel, il se rapproche du droit personnel en ce qu'il crée des obligations, non à la charge du nu-propriétaire, mais de l'usufruitier : obligations de faire inventaire et de fournir caution (*infra*, p. 74), obligations dont il peut d'ailleurs être déchargé contractuellement.

2. Droit temporaire — en général viager (pour la durée de la vie du bénéficiaire).

3. Droit intransmissible à cause de mort ; — mais **cessible entre vifs** (art. 595, al. 1) : l'usufruit reste alors limité à la vie du cédant, non à celle du cessionnaire.

Utilité et inconvénient de l'usufruit ; — *utilité* : permet d'assurer à une personne des ressources sa vie durant, sans enlever la propriété des biens sur lesquels il porte, à leur propriétaire ou à ses héritiers ; — *inconvénient* : défavorable à une bonne administration des biens, l'usufruitier étant souvent porté à abuser de sa jouissance ou à ne pas entretenir.

SECTION 2. — **CHOSES SUSCEPTIBLES D'USUFRUIT.**

En principe, l'usufruit « peut être établi sur toute espèce de biens meubles ou immeubles » (art. 581).

L'usufruit peut porter sur

1. *une chose corporelle*, meuble ou immeuble ;
2. *un droit*, p. ex. le droit de propriété littéraire et artistique, tel l'usufruit du conjoint survivant qui lui permet de jouir des droits d'auteur du conjoint prédécédé ; — ou *une servitude* (attachée au fonds objet de l'usufruit) ; — ou même sur *un usufruit* ; tel l'usufruit du père qui a la jouissance légale des biens de ses enfants mineurs, lesquels peuvent être titulaires eux-mêmes d'un usufruit ;
3. *une chose en particulier ou une universalité des biens* ; p. ex. l'usufruit du conjoint survivant sur tout ou partie de la succession du conjoint prédécédé, — ou une universalité de fait ; p. ex. un fonds de commerce.

Usufruit des choses consomptibles (quasi-usufruit).

a) L'usufruit ne peut porter, à *l'état isolé*, sur des choses consomptibles (c.-à-d. sur des choses qui se consomment par le premier usage ; p. ex. de l'argent, des denrées) ; v. la définition de l'usufruit « ... à charge de conserver la substance ».

b) Mais il peut porter *accessoirement* sur des choses consomptibles, s'il s'agit de l'usufruit d'une masse de biens (p. ex. une hérédité) comprenant des choses consomptibles et des choses non consomptibles : dans ce cas, l'usufruitier devient *propriétaire* des choses consomptibles, à charge de rendre, à la fin de l'usufruit, des choses pareilles en qualité et quantité ou une somme en représentant la valeur estimée au moment de la restitution (art. 587).

SECTION 3. — **SOURCES DE L'USUFRUIT.**

1. La loi : usufruit légal.

a) Droit de jouissance légale des père et mère, sur les biens de leur enfant mineur (art. 383, al. 2).

b) Les usufruits successoraux, notamment :

— l'usufruit du conjoint survivant, sur tout ou partie des biens du conjoint prédécédé (art. 767, al. 3) ;

— l'usufruit des ascendants, venant à la succession de leur descendant prédécédé, en présence du conjoint survivant gratifié par le défunt (art. 1094).

2. La volonté de l'homme : usufruit constitué par un propriétaire au profit d'une autre personne, *à titre gratuit* ou *à titre onéreux* — dans cette catégorie d'usufruit, se place l'usufruit testamentaire, le plus fréquemment utilisé.

3. La prescription acquisitive : l'usufruit peut être acquis par l'exercice prolongé du droit (mêmes délais que pour l'acquisition de la propriété) ; — p. ex. au cas où un testateur a légué l'usufruit d'un bien dont il n'était pas propriétaire : si le légataire exerce l'usufruit pendant le délai requis, il acquiert un droit d'usufruit contre le propriétaire.

SECTION 4. — **EFFETS DE L'USUFRUIT.**

La chose grevée d'un usufruit est l'objet d'un **double droit réel** : celui du nu-propriétaire et celui de l'usufruitier, distincts et coexistants.

§ 1. — Situation du nu-propriétaire.

1. Le nu-propriétaire **est titulaire d'un droit réel** sur la chose, ne lui conférant que l'une des prérogatives du droit de propriété, le droit de disposer (l'usufruitier ayant les deux autres prérogatives, le droit d'user et de jouir de la chose) ; — le nu-propriétaire peut :

   a) *disposer de la chose*, mais seulement de la nue-propriété, p. ex. en la vendant ou l'hypothéquant : ses ayants droit devront respecter les droits de l'usufruitier tant que durera l'usufruit ;

   b) pour assurer la protection de son droit, *interrompre la prescription acquisitive* commencée par un tiers, ou *exercer l'action en revendication ;*

   c) demander la déchéance de l'usufruit, si l'usufruitier abuse de son droit.

   Si l'usufruit porte sur des choses consomptibles, le nu-propriétaire, perdant son droit réel, n'a plus qu'un droit de créance ; — garanti seulement par la caution que l'usufruitier a dû donner au début de l'usufruit (*infra*, p. 74).

2. Le nu-propriétaire **n'a aucune obligation** à l'égard de l'usufruitier ; *sauf :*

   — au début de l'usufruit : celle de délivrer la chose à l'usufruitier ;

   — au cours de l'usufruit : de ne pouvoir troubler l'usufruitier dans l'exercice de son droit (art. 599, al. 1).

   En particulier, le nu-propriétaire n'est tenu d'aucune réparation, même des grosses réparations (*infra*, p. 75) ; il n'est pas tenu (pas plus d'ailleurs que l'usufruitier) « de rebâtir ce qui est tombé de vétusté ou ce qui a été détruit par cas fortuit » (art. 607).

§ 2. — Droits et obligations de l'usufruitier.

I. — Droits de l'usufruitier.

A. Droit d'user de la chose par lui-même ou par autrui ; p. ex. si l'usufruit porte sur un immeuble, en l'habitant ou en le donnant en location.

B. Droit de jouir de la chose.

Consistant dans le droit de percevoir les *fruits*, — non les *produits* (1), qui appartiennent au nu-propriétaire.

a) L'usufruitier a le droit de percevoir les **fruits** : fruits *naturels, industriels* ou *civils* ; — il les acquiert,

1. fruits naturels et industriels : *par perception* c.-à-d. par séparation du sol ; — en *conséquence*, les fruits qui sont « pendants par branches ou par racines » à l'ouverture de l'usufruit appartiennent à l'usufruitier ; — ceux qui le sont à la fin de l'usufruit, au propriétaire ; et cela « sans récompense (c.-à-d. sans indemnité) de part ni d'autre des labours et des semences ... » (art. 585).

2. fruits civils : jour par jour ; — « appartiennent à l'usufruitier à proportion de la durée de son usufruit » (art. 586) (2).

b) L'usufruitier n'a pas droit aux **produits** :

— il n'a *pas droit au trésor* (3) (art. 598, al. 2) découvert par un tiers dans le fonds sur lequel porte l'usufruit, mais il aurait droit à la moitié, comme tout inventeur, si le trésor avait été découvert par lui ;

— *si l'usufruit porte sur des valeurs mobilières* (actions ou parts d'associés, obligations), seuls les dividendes, bénéfices ou intérêts mis en distribution sont des fruits ; — s'ils sont mis en réserve, ils augmentent le capital sur lequel l'usufruitier n'a aucun droit ; — et s'ils viennent, ultérieurement, à être distribués, l'usufruitier n'a sur eux qu'un droit de jouissance, le capital restant au nu-propriétaire ;

— dans la même hypothèse, et si l'usufruit porte sur des *valeurs à lot*, l'usufruitier n'a pas droit au lot ; — même solution pour la prime de remboursement des obligations ;

— quant à *l'exercice du droit de vote*, dans les assemblées d'associés, il appartient à l'usufruitier dans les assemblées ordinaires et au

(1) Sur la *distinction des fruits et des produits, supra*, p. 8.

(2) Ainsi pour les fruits des valeurs mobilières, qui sont acquis jour par jour et non en suivant les dates d'échéance.

(3) Trésor, déf. *supra*, p. 50.

nu-propriétaire dans les assemblées extraordinaires (loi du 24 juill. 1966 sur les sociétés, art. 163 al. 1) ; les décisions qui peuvent être prises par ces dernières dépassent en effet le cadre des actes d'administration que l'usufruitier peut faire.

c) Mais l'usufruitier a droit à **certains produits** qui, bien qu'épuisant la substance de la chose, sont perçus en se conformant à l'aménagement donné volontairement par le propriétaire de la chose ; — p. ex. il jouit... « de la même manière que le propriétaire » de mines et carrières en exploitation à l'ouverture de l'usufruit (art. 598, al. 1) ; droit analogue pour les coupes de bois aménagées par le propriétaire (art. 590 et s.).

d) Usufruit de créances : l'usufruitier a droit aux intérêts ; mais le nu-propriétaire reste titulaire de la créance ; — à l'échéance, l'usufruitier doit poursuivre le remboursement de la créance et peut percevoir le capital ; le droit de l'usufruitier se transforme alors en quasi usufruit (*supra*, p. 70); — les droits du nu-propriétaire *ne sont garantis que* par la caution que l'usufruitier a dû donner au début de l'usufruit (*infra*, p. 74) ; mais si ces droits se trouvent mis en péril, p. ex. par suite de l'insuffisance de la caution, le nu-propriétaire peut demander que soit ordonné le placement du capital.

C. Baux consentis par l'usufruitier.

1. *Droit de l'usufruitier de donner à bail*, sans limitation de durée, l'immeuble sur lequel porte l'usufruit.

2. *Restriction à la durée du bail consenti par l'usufruitier* : pour sauvegarder les droits du propriétaire à la fin de l'usufruit, *si le bail excède neuf ans*,

   a) le bail n'est obligatoire pour le propriétaire, qui a recouvré la pleine propriété de l'immeuble, que pour le temps qui reste à courir *de la période de neuf ans en cours* (art. 595, al. 2) (1) ;

   b) et pour empêcher que l'usufruitier ne cherche à prolonger la durée de la location opposable au propriétaire par renouvellement anticipé du bail en cours : les baux de neuf ans ou au-dessous que l'usufruitier a passés ou renouvelés plus de trois ans (baux ruraux) ou deux ans (baux à loyer) avant l'expiration du bail en cours, sont sans effet, à moins que leur exécution n'ait commencé avant la fin de l'usufruit (art. 595, al. 3).

3. *Nécessité de l'accord du nu-propriétaire* (ou, à défaut, de justice) « pour donner à bail un fonds rural ou un immeuble à usage commercial, industriel, ou artisanal » (art. 595, al. 4) ; — *sanction* : nullité du bail à l'égard du nu-propriétaire qui peut agir sans attendre la fin de l'usufruit.

(1) Disposition devenue pratiquement sans intérêt du fait de la législation récente qui accorde au preneur le maintien dans les lieux (baux d'habitation) ou le renouvellement du bail (baux commerciaux).

D. Cession de l'usufruit : droit pour l'usufruitier

— *de céder* son droit (art. 495, al. 1), la durée de l'usufruit restant déterminée par la vie du cédant ;

— si l'usufruit porte sur un immeuble (et sauf s'il s'agit d'un usufruit légal) droit *d'hypothéquer* son droit « pour le temps de sa durée » (art. 2118-3°) ; — mais l'usufruitier ne pouvant disposer que de l'usufruit, les créanciers hypothécaires ne pourront, de même, que saisir et faire vendre la jouissance, à l'exclusion de la nue-propriété ; cette faculté de l'usufruitier ne reçoit guère d'application, si ce n'est dans les cas où l'usufruitier ne trouve pas de caution et peut la remplacer par un gage (*infra*, p. 74).

II. — Obligations de l'usufruitier.

A. — Au début de l'usufruit.

1. Faire inventaire des meubles et état des immeubles (art. 600).

Sanctions :

— le nu-propriétaire peut refuser à l'usufruitier l'entrée en jouissance ;

— si l'usufruitier est cependant entré en jouissance, le propriétaire peut prouver, à la fin de l'usufruit, la consistance des biens par tous moyens, même par commune renommée.

Dispense d'inventaire possible si elle est stipulée par le titre constitutif de l'usufruit.

2. Fournir caution « de jouir en bon père de famille » (art. 601 et s.).

La caution consiste en *une personne* qui garantit ; — à défaut, en *une hypothèque* que consent l'usufruitier sur ses immeubles personnels ou en *un gage* sur ses meubles.

« *Si l'usufruitier ne trouve pas de caution*, les immeubles sont donnés à ferme (c.-à-d. à bail) ou mis en séquestre (c.-à-d. confiés à un séquestre qui les administrera et rendra compte des revenus) ; les sommes comprises dans l'usufruit sont placées ; les denrées (et tous objets mobiliers ») sont vendues et le prix en provenant est pareillement placé ... » ; les loyers des immeubles et les revenus des placements sont remis à l'usufruitier ; — mais l'usufruitier peut demander « qu'une partie des meubles nécessaires pour son usage lui soit délaissée sous sa simple *caution juratoire* et à charge de les représenter à la fin de l'usufruit ».

Pas de sanction de l'obligation de fournir caution ; — mais le nu-propriétaire peut refuser à l'usufruitier l'entrée en jouissance et, s'il a laissé l'usufruitier entrer en jouissance sans demander caution, il peut à tout moment l'exiger.

Dispense de caution :

a) pour l'usufruit des père et mère ;

b) pour l'usufruit du vendeur ou du donateur sous réserve d'usufruit ;

c) et dans tous les cas, si le constituant en a dispensé l'usufruitier.

Mais s'il se révèle que l'usufruitier, p. ex. commet des abus de jouissance, le tribunal peut, malgré la dispense de caution, prescrire toutes mesures conservatoires utiles.

B. — Obligations pendant la durée de l'usufruit.

1. Obligation de conserver la substance de la chose (art. 578).

Cette obligation est l'un des aspects de celle, plus générale, de « jouir en bon père de famille » (énoncée incidemment par l'art. 601), c.-à-d. de se comporter comme un homme diligent.

En conséquence,

1. L'usufruitier, qui a l'obligation de conserver la substance de la chose, doit assurer la conservation des droits du nu-propriétaire ; notamment
   - — entretenir le bien en bon état ;
   - — dénoncer au nu-propriétaire les « usurpations sur le fonds » commises par les tiers, ainsi que les usucapions en cours (art. 614) (que le nu-propriétaire n'a pas d'autre moyen de connaître) ;
   - — poursuivre le recouvrement des créances à leur échéance ;
   - — interrompre les prescriptions en cours ;
   - — renouveler les inscriptions hypothécaires (1).
2. Il doit se servir de la chose selon l'usage auquel elle est destinée ; — p. ex. ne pas consentir un bail commercial s'il s'agit de locaux d'habitation, ou modifier le mode de culture des terres s'il s'agit d'un bail rural.
3. Et se conformer au mode de jouissance établi par le propriétaire ; — mais l'usufruitier ne pourrait alléguer l'administration négligente du propriétaire, pour justifier la sienne.

Sanctions de l'obligation de conserver la substance de la chose : le nu-propriétaire peut

— contraindre l'usufruitier à exécuter son obligation et en cas d'inexécution, demander la déchéance de l'usufruit ;

— et, en outre, si un préjudice est causé, demander immédiatement des dommages-intérêts (2).

(1) Toutefois l'usufruitier *n'est pas tenu d'assurer la chose*, en particulier contre l'incendie, le nu-propriétaire ayant la faculté de le faire.

(2) Mais à condition qu'il y ait faute (délictuelle) de l'usufruitier ; — non p. ex. si l'usufruitier s'est trouvé dans l'obligation, pour une cause indépendante de sa volonté, de cesser une exploitation commerciale.

2. Obligation de supporter les charges usufructuaires.

a) Réparations d'entretien (art. 605, al. 1) — *à l'exclusion des grosses réparations*

— énumérées par l'art. 606 : notamment, celles des gros murs et des voûtes, rétablissement des poutres et couvertures entières ;

— lesquelles, sauf clause contraire, restent à la charge du nu-propriétaire, « à moins qu'elles n'aient été occasionnées par le défaut de réparation d'entretien depuis l'ouverture de l'usufruit, auquel cas l'usufruitier en est aussi tenu » (art. 605, al. 2) ;

— observations faites que :

1° le nu-propriétaire *n'est pas obligé* de faire les grosses réparations, n'étant tenu d'aucune obligation à l'égard de l'usufruitier ; l'art. 605 (« les grosses réparations demeurent à la charge du propriétaire ») signifie seulement que, s'il les fait effectuer, il ne pourra en réclamer le remboursement à l'usufruitier ;

2° mais, *si l'usufruitier a fait des grosses réparations*, il a droit, à la cessation de l'usufruit, d'être indemnisé dans la mesure de la plus-value.

b) Paiement des impôts annuels (art. 608), — p. ex. les taxes foncières.

Sanctions de l'obligation aux réparations d'entretien et au paiement des impôts annuels : mêmes sanctions que pour l'obligation de conserver la substance de la chose.

Contribution aux charges extraordinaires « qui peuvent être imposées sur la propriété pendant la durée de l'usufruit » ; p. ex. un impôt sur le capital ; « le propriétaire est obligé de les payer et l'usufruitier doit lui tenir compte des intérêts » ; « si elles sont avancées par l'usufruitier », celui-ci (ou ses héritiers) pourra en réclamer le remboursement à la fin de l'usufruit (art. 609).

3. Obligation particulière de l'usufruit universel ou à titre universel : contribution aux dettes (art. 612).

Usufruit universel ou à titre universel : usufruit portant sur tous les biens ou une quote-part des biens d'une succession.

Contribution de l'usufruitier aux dettes : si l'usufruit porte sur la totalité de la succession, l'usufruitier qui perçoit la totalité des revenus, supporte l'intégralité des dettes ; — si l'usufruit ne porte que sur une quote-part de la succession, p. ex. la moitié, il y contribue dans la même proportion ; — si l'usufruit porte sur tous les immeubles ou tous les meubles, une estimation sera faite par rapport à l'ensemble de la succession ; — sur les procédés permettant de réaliser la contribution de l'usufruitier, v. art. 612.

C. — A la fin de l'usufruit : *infra*, p. 77, *Fin de l'usufruit.*

SECTION 5. — **SANCTIONS DE L'USUFRUIT.**

A. Actions tendant à la mise en possession de l'usufruitier.

1. Action confessoire, *action réelle* (analogue à l'action en revendication pour le droit de propriété), permettant à l'usufruitier de se faire délivrer la chose soumise à l'usufruit, par *toute personne* la possédant.

2. Action personnelle en délivrance.

Cas où l'usufruitier tient son droit d'un *contrat* ou d'un *testament.*

Contre le constituant ou ses héritiers (tenus d'une obligation de délivrance).

Conditions d'exercice : avoir fait inventaire et donné caution.

B. Actions tendant à repousser un trouble de possession (*possession du droit d'usufruit*, et non possession de la chose) : les *actions possessoires*, comme en matière de propriété (*supra*, p. 43).

SECTION 6. — **FIN DE L'USUFRUIT.**

§ 1. — Causes d'extinction

1. *Mort de l'usufruitier* (cause normale) ; — l'usufruit constitué au profit de plusieurs personnes s'éteint au décès du dernier survivant.

2. *Terme extinctif* fixé par le constituant ou par la loi :

— *par le constituant* : il peut être stipulé que l'usufruit est constitué pour telle durée, p. ex. dix ans ; l'usufruit s'éteint alors par l'arrivée du terme du vivant de l'usufruitier ou, dans tous les cas, par sa mort si elle survient avant l'arrivée du terme ;

— *par la loi*, pour l'usufruit constitué au profit d'une personne morale, 30 ans.

3. *Consolidation*, c.-à-d. réunion sur la même tête des qualités de nu-propriétaire et d'usufruitier : cas où l'usufruitier hérite de nu-propriétaire.

4. *Non-usage* du droit pendant trente ans (1).

5. *Perte totale de la chose* ; — mais l'usufruit peut, par suite de *subrogation réelle*, être reporté sur l'indemnité payée par le tiers responsable de la perte de la chose, ou sur l'indemnité d'assurance, ou d'expropriation.

(1) L'usufruit s'éteint également au résultat de l'*usucapion* par un tiers ou même par le nu-propriétaire, soit de la pleine propriété, soit seulement de l'usufruit.

6. *Déchéance* prononcée par le tribunal pour *abus de jouissance* (art. 618) si l'usufruitier n'exécute pas ses obligations (1) ; — mais si l'abus n'est pas suffisamment grave, le tribunal peut décider que l'usufruit sera remplacé par le paiement d'une rente payée par le propriétaire jusqu'à l'extinction de l'usufruit ; — dans tous les cas, le nu-propriétaire peut obtenir des dommages-intérêts pour le préjudice causé par l'abus de jouissance.

§ 2. — Conséquences de l'extinction de l'usufruit.

A l'extinction de l'usufruit, le nu-propriétaire recouvre la pleine propriété de la chose, — d'où restitution des biens et règlement des comptes entre le propriétaire et l'usufruitier (ou ses héritiers).

1. Restitution des biens par l'usufruitier (ou ses héritiers).

a) En principe *restitution en nature* et dans l'état où se trouveraient les biens à l'ouverture de l'usufruit (2), la consistance et l'état des biens étant établis par l'inventaire et l'état dressés à l'entrée en jouissance.

b) Seule la perte fortuite libère l'usufruitier (appl. art. 1302) ; — lequel ne répond pas de la perte par vétusté s'il a satisfait à l'obligation d'entretien.

c) Si l'usufruit a porté sur des *choses qui se détériorent par l'usage* (p. ex. du linge) : en l'état où elles se trouvent à la fin de l'usufruit, mais non détériorées de son fait (art. 589).

d) S'il s'agit de *choses consomptibles* (p. ex. argent, denrées) : *supra*, p. 70.

Sanctions de l'obligation de restituer.

Si, à la fin de l'usufruit, l'usufruitier (qui est détenteur de la chose d'autrui (ou ses héritiers) se maintient en possession, le propriétaire dispose :

— de **l'action en revendication** (sanction de son droit réel) ;

— d'une **action personnelle** en restitution appartenant au propriétaire contre tout détenteur précaire à qui la chose a été remise par lui ou ses auteurs), action n'obligeant pas le propriétaire à faire la preuve de son droit de propriété.

2. Règlement des comptes entre l'usufruitier (ou ses héritiers) et le propriétaire.

a) Perte ou détériorations de la chose.

Indemnisation est due par l'usufruitier (ou ses héritiers) pour la perte de la chose ou les détériorations subies, — *à moins qu'elles ne soient survenues par cas fortuit* (ou qu'il s'agisse de choses mobilières se détériorant à l'usage.

(1) *Ses obligations en général*, et non seulement dans les deux cas prévus par l'art. 618 dégradation sur le fonds, fait de laisser dépérir faute d'entretien.

(2) Si la restitution en nature n'est pas possible, restitution en valeur estimée à la date de la restitution.

Preuve des pertes et détériorations et de leur origine.

En principe, à la charge du propriétaire, en se reportant, pour les détériorations, à l'état de la chose à l'entrée en jouissance (1).

Sauf en matière immobilière : c'est à l'usufruitier qu'il appartient de prouver que les détériorations sont survenues sans sa faute (appl. art. 1732 en matière de louage).

b) Améliorations.

L'usufruitier *n'a pas droit au remboursement des améliorations* « encore que la valeur de la chose en fût augmentée » ; — il a toutefois le droit d'enlever « les glaces, tableaux et autres ornements, qu'il aurait fait placer » (ainsi que tous autres objets mobiliers placés sur le fonds par l'usufruitier, à l'exception de ceux qui seraient devenus immeubles par incorporation, « mais à charge de rétablir les lieux dans leur état premier » (art. 599, al. 2) ; — la jurisprudence étend la règle aux constructions élevées par l'usufruitier (de sorte que l'usufruitier est moins bien placé qu'un constructeur de mauvaise foi, *supra*, p. 61).

c) Grosses réparations ; remboursement.

L'usufruitier a droit *au remboursement des grosses réparations* qu'il a effectuées et dont il a fait l'avance, — mais (par dérogation à la théorie des impenses, puisqu'il s'agit de dépenses nécessaires), *seulement* dans la mesure de la plus-value existant à la fin de l'usufruit.

d) Restitution en matière de quasi usufruit (*supra*, p. 72).

CHAPITRE II. — **L'USAGE ET L'HABITATION** (1)

1. Usage : droit pour l'usager de se servir de la chose et d'en percevoir les fruits « autant qu'il lui en faut pour ses besoins et ceux de sa famille » (art. 625).

2. Habitation : droit pour le titulaire de demeurer dans la maison avec sa famille « quand même il n'aurait pas été marié à l'époque où ce droit lui a été donné » ; — observation faite que « le droit d'habitation se restreint à ce qui est nécessaire pour l'habitation de celui à qui ce droit est concédé et de sa famille » (art. 632 et 633).

Caractères : 1. droits *réels* ; — 2. *viagers* ; — 3. *ne pouvant être cédés* (art. 631 et 634).

(1) Sans qu'il y ait présomption de réception en bon état comme en matière de louage (art. 1731), — à défaut d'état établi à l'entrée en jouissance, preuve par tous moyens, y compris par commune renommée.

CHAPITRE III. — **LES SERVITUDES**

SECTION 1. — **GÉNÉRALITÉS.**

Servitude : charge imposée à un fonds, appelé *fonds servant*, pour « l'usage et l'utilité » d'un autre fonds, appelé *fonds dominant*, appartenant à une autre personne (art. 637).

Conditions : pour qu'il y ait *servitude* il faut

1. *Qu'il y ait une « charge »*, consistant :
   — dans la faculté pour le propriétaire du fonds dominant (au profit duquel est établie la charge) de *faire tel acte d'usage* sur le fonds servant (sur lequel est établie la charge) ; p. ex. passage en cas d'enclave ;
   — ou à *empêcher* le propriétaire du fonds servant de faire tel acte d'usage sur son fonds ; p. ex. de bâtir.
2. Que la charge soit *imposée à un héritage*, non à une personne.
3. Qu'elle soit *établie au profit d'un héritage* et non au profit d'une personne.
4. *Que les deux héritages appartiennent à des propriétaires différents*, nul ne pouvant avoir une servitude sur sa propre chose ; — d'où, p. ex. si les deux fonds, dominant et servant, deviennent la propriété d'un seul propriétaire, extinction de la servitude (art. 705).

Caractères.

1. Droits **réels immobiliers** : les servitudes ne peuvent porter que sur les *immeubles*.

2. Accessoires au droit de propriété du fonds dominant :
— *ne pouvant être aliénés sans le fonds ;*
— *indivisibles* : profitant au fonds dominant tout entier et grevant le fonds servant tout entier, sans pouvoir s'acquérir ni se perdre par quote-part ; p. ex. si le fonds dominant est partagé, chacun des copartageants aura le droit d'utiliser la servitude sans que la charge en soit aggravée, « ainsi, par exemple, s'il s'agit d'un droit de passage, tous les copropriétaires seront obligés de l'exercer par le même endroit » (art. 710) ;
— *perpétuelles*, comme le droit de propriété.

Comparaison avec l'usufruit.

Analogie : servitude et usufruit sont des droits réels.

Différences :

a) Nature juridique.

— *Usufruit* : démembrement de la propriété (droits d'user et de jouir détachés au profit de l'usufruitier).

— *Servitude* : simple *charge* au profit d'un fonds, le fonds dominant, alors que le propriétaire du fonds servant conserve le droit d'user, de jouir et de disposer de son fonds.

b) Caractères.

— *Usufruit* : porte sur meubles et immeubles ; — *servitude* : sur immeubles seulement ;

— *Usufruit* : établi au profit d'une personne ; — *servitude* : au profit d'un fonds ;

— *Usufruit* : temporaire ; *servitude* : perpétuelle ;

— *Usufruit* : peut être cédé séparément ; — non *la servitude.*

Servitudes et charges réelles.

Sous le nom de *servitude*, la loi confond deux choses, *la servitude proprement dite* entre deux fonds dont l'un est dominant, l'autre servant — et *la charge réelle*, grevant un fonds sans que ce soit au profit d'un fonds dominant, mais à celui d'une personne ou du public ; telle la servitude de marche-pied (*supra*, p. 13) : le riverain propriétaire de la rive subit une restriction à son droit de propriété, mais il n'y a pas de fonds dominant.

SECTION 2. — **CLASSIFICATIONS DES SERVITUDES** (1).

1. — Classification au point de vue du mode d'exercice de la servitude.

A. Servitudes positives et servitudes négatives.

a) Positive : permettant au propriétaire du fonds dominant de faire tel acte d'usage sur le fonds servant ; p. ex. servitude de passage.

b) Négative : imposant au propriétaire du fonds servant de s'abstenir de faire tel acte d'usage ; p. ex. servitude de ne pas bâtir.

B. Servitudes continues et servitudes discontinues (art. 628).

a) Continue : qui n'ont pas « besoin du fait actuel de l'homme » pour s'exercer ; p. ex. servitude de vue (s'exerçant quand même personne ne se mettrait à la fenêtre).

b) Discontinue : « qui ont besoin du fait actuel de l'homme » pour s'exercer ; p. ex. servitude de passage.

C. Servitudes apparentes et servitudes non apparentes (art. 689).

a) Apparentes : « qui s'annoncent par des ouvrages extérieurs » ; p. ex. servitude de vue.

(1) On négligera la classification des servitudes en *servitudes urbaines et servitudes rurales* (art. 687) sans intérêt : servitudes urbaines établies pour l'usage des bâtiments à la ville et à la campagne ; p. ex. servitude de ne pas bâtir ; — servitudes rurales « pour l'usage des fonds de terre » ; p. ex. servitude de passage en cas d'enclave.

b) Non-apparentes : « qui n'ont pas de signe extérieur de leur existence » ; p. ex. servitude de ne pas bâtir.

La même servitude peut être apparente ou non, suivant son aménagement ; ex. la servitude de passage (qui est apparente, si p. ex. il y a une porte pratiquée dans un mur ; non apparente, si aucun ouvrage ne la révèle.

Combinaison des classifications.

1. Une servitude continue peut être apparente ou non ;
   — *servitude continue apparente* : p. ex. servitude de vue ;
   — *servitude continue non apparente* : p. ex. servitude de ne pas bâtir.

2. Une servitude discontinue peut être apparente ou non ;
   — *servitude discontinue apparente* ; p. ex. droit de passage s'il existe une porte ou un chemin tracé ;
   — *servitude discontinue non apparente* ; p. ex. droit de passage s'il n'existe ni porte, ni chemin tracé.

Particularités des servitudes continues et apparentes.

a) Peuvent être *établies* par prescription ou destination du père de famille (*infra*, p. 89).

b) Ne s'éteignent pas par non-usage prolongé (*infra*, p. 89).

2. — Classification au point de vue de la cause de la servitude.

A. Servitudes d'utilité publique ;

P. ex. *servitudes concernant les voies de communication ; — chemins publics* : distances à observer pour les fouilles, ouverture de carrières, plantations ; — *voies navigables* : servitude de marchepied (art. 650, al. 1) ; — *chemins de fer* : distances pour les plantations, excavations, dépôts de matières inflammables ou non ; — *navigation aérienne* : interdiction de créer ou obligation de supprimer les obstacles susceptibles de constituer un danger pour la navigation aérienne, obligation de baliser, etc. ; — *servitudes de visibilité* destinées à assurer la sécurité de la circulation routière ; — *servitude de survol* au profit du concessionnaire d'un téléphérique ;

Autres servitudes ; — p. ex. *servitudes d'urbanisme : occupation temporaire* en vue de travaux publics ; — dans l'intérêt de la *distribution de l'énergie électrique* : appui pour l'installation des supports ; ébranchages ; passage des conducteurs aériens ;

Ces servitudes, faute de fonds dominant, sont en réalité des *charges réelles* au profit du public ou de telle personne.

Gratuité des servitudes d'utilité publique, — *sauf* lorsque, dans certains cas, l'indemnisation est prévue par la loi ; p. ex. servitudes dans l'intérêt de la distribution de l'énergie électrique, de la navigation aérienne, si des constructions doivent être démolies ; — en principe, pas d'indemnisation pour les servitudes négatives.

B. Servitudes d'intérêt privé ; — servitudes relatives au *régime des eaux* : écoulement des eaux, égoût des toits, irrigation et drainage ; — bornage et clôture ; — *distances* à observer pour les plantations et constructions ; — *jours et vues* sur le fonds voisin ; — *servitude de passage* en cas d'enclave etc. ; — à l'exception de la servitude de passage en cas d'enclave et celles d'irrigation et drainage, les autres servitudes ne sont en réalité que des *limitations au droit de propriété* (*supra*, p. 12 et s.).

Indemnisation de certaines servitudes d'intérêt privé, p. ex. servitude de passage en cas d'enclave, — d'irrigation et drainage, — non pour celles qui ne sont que des limitations au droit de propriété, — mais s'il y a indemnisation, celle-ci *n'est pas préalable* (comme elle l'est en matière d'expropriation).

SECTION 3. — **MODES D'ÉTABLISSEMENTS DES SERVITUDES.**

§ 1. — Servitudes établies par la loi.

Ce sont :

A. Les servitudes dérivant de la situation des lieux ou servitudes naturelles, qui n'imposent de charges au propriétaire du fonds servant qu'en vertu d'une disposition légale (art. 640 à 648).

Sous cette dénomination, le Code traite en réalité de l'étendue et des limitations de la propriété foncière (droits du propriétaire sur les eaux, art. 641 à 645 ; — bornage, art. 646 et clôture, art. 647.

Seule la *servitude d'écoulement des eaux* (art. 640) constitue une servitude (*supra*, p. 20).

B. Les servitudes légales proprement dites, établies par la loi ou par les règlements de l'autorité administrative.

a) Par la loi.

— *C. civ. art. 649 à 685* : au chapitre « Des servitudes établies par la loi », le Code traite de matières étrangères à la notion de servitude : telles la copropriété des murs mitoyens, les rapports de voisinage (*supra*, p. 32 et 16) ; — seul le passage en cas d'enclave (art. 682 à 685) constitue une servitude au sens exact du terme.

— *Autres servitudes établies par la loi* ; p. ex. par le Code rural ; concernant l'irrigation et le drainage (servitude d'appui, d'aqueduc, d'écoulement, *supra*, p. 20).

b) Par les règlements de l'autorité administrative : notamment, les servitudes d'utilité publique qui sont, en réalité, des charges réelles (*supra*, p. 84).

§ 2. — Servitudes établies par l'autorité judiciaire : les servitudes de cours communes (C. urb., art. L. 451-1 et s. et R. 451-1 et s., déc. des 31 déc. 1976 et 7 juill. 1977).

Cas où « la délivrance du permis de construire est subordonnée, en ce qui concerne les distances qui doivent séparer les constructions, à la création sur le terrain voisin, de servitudes de ne pas bâtir ou de ne pas dépasser une certaine hauteur », — servitudes dites « de cour commune ».

Mode d'établissement des servitudes de cours communes :

A défaut d'accord entre les parties et pour permettre la réalisation d'ensembles immobiliers malgré la résistance d'un ou plusieurs propriétaires voisins, la servitude peut être imposée *par l'autorité judiciaire*, le plus souvent à la demande d'un promoteur.

« La demande est portée par le propriétaire intéressé à la création de la servitude, devant le président du tribunal de grande instance du lieu des parcelles, qui statue comme en matière de référé » : l'ordonnance rendue « institue la servitude » et détermine « les indemnités approximatives et provisionnelles qui doivent être payées avant le commencement des travaux par les bénéficiaires des servitudes, aux propriétaires des terrains grevés, ou consignées par eux » ; — si dans un délai d'un an à compter de l'ordonnance, le permis de construire n'a pas été délivré ou si, dans le même délai à compter de la délivrance du permis, le demandeur n'a pas commencé les travaux, ou si les travaux sont interrompus pendant au moins une année, l'ordonnance pourra être rapportée à la demande du propriétaire du terrain grevé.

§ 3. — Servitudes établies par le fait de l'homme.

A. — Liberté des parties.

En principe, « Il est permis aux propriétaires d'établir sur leurs propriétés, ou en faveur de leurs propriétés, telles servitudes que bon leur semble ... » (art. 686).

Restrictions : la servitude

— ne doit pas être contraire à *l'ordre public* ; p. ex. une servitude de passage concédée pour faciliter la contrebande ;

— ne peut être *imposée* « ni à la personne, ni en faveur de la personne, mais seulement à un fonds et pour un fonds ... » (1).

a) Pas de servitude au profit de la personne, *mais seulement au profit d'un fonds* ; — d'où p. ex. impossibilité de stipuler, *à titre de servitude*, le droit de se promener sur le fonds voisin ; seule serait valable une telle

(1) *Justification* (de la seconde restriction) : préoccupation des rédacteurs du Code d'empêcher le rétablissement des droits féodaux (v. le texte de l'art. 638).

convention entre deux propriétaires, mais seulement *à titre de droit personnel*, ne profitant pas aux acquéreurs successifs du fonds du créancier et ne s'imposant pas aux acquéreurs successifs du fonds du débiteur ; — de même pour le droit de chasse ou de pêche.

b) Pas de servitude imposée à la personne, *mais seulement au fonds*, d'où :

— impossibilité d'imposer, *à titre principal*, un acte personnel ; p. ex. tant de journées de travail ;

— mais possiblité de l'imposer, *accessoirement* ; p. ex. l'obligation de faire certains travaux destinés à faciliter l'exercice d'une servitude (art. 699) ; en particulier, l'entretien d'un chemin servant au passage.

B. — Modes d'établissement des servitudes « par le fait de l'homme ».

Les servitudes peuvent s'établir 1. par *titre* ; — 2. par prescription ; — 3. par destination du père de famille (art. 690 et s.).

1. Etablissement des servitudes par titre.

a) Soit par convention

— *à titre gratuit*, auquel cas l'établissement de la servitude constitue une donation entre vifs ;

— *ou à titre onéreux*, le propriétaire de fonds servant exigeant de celui du fonds dominant bénéficiaire de la servitude, une prestation en argent ou avantage quelconque.

b) Soit par testament : le propriétaire d'un fonds stipule dans son testament que le fonds sera grevé d'une servitude au profit d'un autre fonds qui devient le fonds dominant.

Toutes servitudes (continues ou discontinues, apparentes ou non apparentes) peuvent s'établir par titre.

Conditions.

1. *Conditions de fond* :

— que le constituant soit propriétaire du fonds et ait capacité d'aliéner ;

— que la servitude ne soit pas contraire à l'ordre public ;

— qu'elle ne soit pas constituée au profit ou à la charge d'une personne.

2. *Condition de forme* : celles de l'acte juridique (convention ou testament) employé pour constituer la servitude.

Publicité : toute constitution de servitude entre vifs ou par testament est soumise à la publicité foncière (déc. du 4 janv. 1955, art. 28-1° et 29).

Preuve, suivant le droit commun

En principe par écrit, — à défaut par *témoins ou présomptions*, s'il existe un commencement de preuve par écrit ; — ou par *aveu* ou *serment*.

Mode de preuve particulière : « le titre recognitif » ; — si le titre constitutif de la servitude ne peut être représenté, il peut y être suppléé par un titre dit « titre recognitif » reconnaissant l'existence de la servitude émanant du propriétaire actuel du fonds servant (1) (art. 695).

2. Etablissement des servitudes par prescription.

Seules, les servitudes continues et apparentes peuvent s'établir par prescription ; — *à l'exclusion* p. ex. des servitudes de passage (servitudes discontinues), des servitudes de ne pas bâtir (servitudes non apparentes) (*a contr.*, art. 691).

Justification de l'exclusion :

— *Pour les servitudes discontinues*, telle la servitude de passage, les actes qui pourraient être constitutifs de la possession, sont souvent des « actes de simple tolérance » (v. art. 2132) qui, s'ils devaient conduire à la prescription acquisitive, inciteraient le voisin à y mettre fin, contrariant ainsi les relations de bon voisinage.

— *Pour les servitudes non apparentes*, telle la servitude de ne pas bâtir (qui sont pour la plupart des servitudes négatives), elles ne constituent aucune emprise sur le fonds voisin et ne permettent aucune contradiction de la part du propriétaire.

Conditions.

1° *Qu'il y ait possession* (au sens juridique) à titre de titulaire de la servitude, — et non-possession précaire ; p. ex. passage sur le fonds d'autrui, à titre de simple tolérance.

2° *Que la possession soit exempte de vices* : qu'elle soit *paisible*, *publique*, non *équivoque* ; — la condition de continuité exigée pour la possession en matière d'acquisition de la propriété (*supra*, p. 41), n'intervient pas en matière de servitude, puisque les servitudes discontinues ne peuvent s'acquérir par prescription.

3° *Qu'elle ait duré trente ans* (pas d'application de la possession par dix à vingt ans), — ce que rien de justifie juridiquement.

Etendue d'application de la prescription des servitudes continues et apparentes : peut s'acquérir par prescription non seulement la servitude elle-même, mais *son mode d'exercice* (art. 708).

(1) Lequel constitue une forme particulière d'aveu.

3. Etablissement des servitudes par destination du père de famille (art. 690 à 694).

« La destination du père de famille vaut titre ... ».

Cas : il y a destination du père de famille « lorsqu'il est prouvé que les deux fonds actuellement divisés, ont appartenu au même propriétaire et que c'est par lui que les choses ont été mises dans l'état duquel résulte la servitude » (art. 6393) ; — p. ex. un propriétaire vend un terrain contigu à sa maison et laisse subsister les fenêtres donnant directement sur le terrain vendu : ce terrain est grevé d'une servitude de vue.

Seules les servitudes continues et apparentes peuvent être établies par destination du père de famille (art. 692).

Conditions.

1. Que les deux fonds actuellement séparés aient appartenu *au même propriétaire* dont l'héritage a ensuite été divisé ; — peu importe que les fonds soient contigus ou non.
2. Que l'aménagement créant l'état de chose d'où résultera la servitude, ait été fait ou maintenu par le dernier propriétaire unique du fonds, — non p. ex. par un usufruitier ou un fermier.
3. Qu'il s'agisse d'un aménagement permanent et apparent, attestant de façon non équivoque qu'il profit au fonds et non à la personne ; — p. ex. ne constitue pas une destination du père de famille susceptible de créer une servitude, une communication établie entre deux parcelles contigües pour la commodité du propriétaire.
4. Qu'il s'agisse d'une servitude continue et apparente (art. 692).

Divergence entre les art. 692 et 694 : art. 692 « La destination du père de famille vaut titre à l'égard des servitudes continues et apparentes » ; *l'art. 694* ne parle que de « signe apparent de servitude » ; — *jurisprudence* :

— si la servitude est *continue et apparente*, seule preuve à faire par le propriétaire du fonds dominant : que les deux fonds ont appartenu au même propriétaire et que c'est par lui que les choses ont été mise dans l'état duquel résulte la servitude (appl. 693) ; l'état du lieu vaut titre ;

— si la servitude est *discontinue et apparente* : il devra en outre produire le titre, pour que soit vérifié s'il existe une convention relative à la servitude.

SECTION 4. — **EXERCICE DES SERVITUDES.**

A. — Etendue de la servitude.

1. Servitudes établies par la loi.

a) *Servitudes dérivant de la situation des lieux*, p. ex. d'écoulement des eaux : étendue déterminée par l'état des lieux.

b) *Servitudes légales proprement dites* : étendue déterminée par la loi ou le règlement.

2. Servitudes établies par l'autorité judiciaire : les servitudes de cour commune (*supra*, p. 86) ; — étendue déterminée par la décision du juge.

3. Servitudes établies par le fait de l'homme.

a) *Constituées par titre* : étendue déterminée par le titre ; p. ex. une servitude de passage (en dehors du cas d'enclave).

b) *Acquises par prescription* : étendue résultant de la possession ; p. ex. si une servitude de vue est acquise par une fenêtre, impossibilité d'en ouvrir une autre.

c) *Etablies par destination du père de famille* : étendue d'après l'état de fait créé.

Règles communes à toutes les servitudes.

1° « Quant on établit une servitude, on est censé accorder tout ce qui est nécessaire pour en user » (v. art. 696), — p. ex. la servitude du puisage comporte le droit de passage.

2° Si le fonds dominant est partagé, « la servitude reste due pour chaque portion, sans néanmoins que la condition du fonds assujetti soit aggravée » (art. 700).

B. — Mise en œuvre de la servitude.

1. Le propriétaire du fonds dominant

— peut faire tous « ouvrages nécessaires pour en user et la conserver » (art. 697), à ses frais ; — *sauf* stipulation contraire du titre (art. 698) ;

— sans pouvoir faire de changement *qui aggrave* la condition du fonds servant (art. 702), p. ex. en modifiant l'assiette de la servitude.

2. le propriétaire du fonds servant

a) n'est tenu, en *principe*, que d'une *obligation passive* ; — il doit :

— laisser le propriétaire du fonds dominant accomplir les actes d'usage autorisés par la servitude ; p. ex. le passage ;

— ou s'abstenir d'accomplir les actes que la servitude a pour objet d'empêcher ; p. ex. ne pas bâtir ;

b) *exceptionnellement*, peut être tenu par le titre d'accomplir un acte, s'il s'agit d'un *acte accessoire* de la servitude ; p. ex. entretenir le chemin sur lequel s'exerce une servitude de passage.

Dans ce cas « il peut toujours s'affranchir de la charge, en abandonnant le fonds assujetti au propriétaire du fonds auquel la servitude est due » (art. 699) ; — abandon que le propriétaire dominant ne peut refuser.

c) doit s'abstenir de tout acte qui tende à « diminuer l'usage » de la servitude ou « à le rendre plus incommode » (art. 701) :

— « Il ne peut changer l'état des lieux ... » ;

— ... ni transporter l'exercice de la servitude dans un endroit différent de celui où elle a été primitivement assignée » ;

— « mais si cette assignation était devenue plus onéreuse au propriétaire du fonds assujetti, ou si elle l'empêchait de faire des réparations avantageuses, il pourrait offrir au propriétaire de l'autre fonds un endroit aussi commode pour l'exercice de ses droits et celui-ci ne pourrait pas le refuser » (1).

SECTION 5. — **SANCTIONS DES SERVITUDES.**

A. — Actions appartenant au propriétaire du fonds dominant.

1. Action possessoire, *action réelle* (analogue à l'action en revendication pour le droit de propriété), tendant *à faire reconnaître* le droit d'exercer telle servitude (2).

2. Actions possessoires, lorsque le titulaire d'une servitude *est troublé* dans l'exercice de la servitude.

Servitudes bénéficiant de la protection possessoire :

— *les servitudes susceptibles de possession* c.-à-d. les servitudes continues et apparentes (p. ex. une servitude de vue) peuvent donner lieu aux actions possessoires (complainte ou dénonciation de nouvel œuvre) (3) en cas de trouble ; — *condition* : que la possession ne soit pas viciée, qu'elle ait duré au moins un an et que l'action soit exercée dans l'année du trouble ;

(1) P. ex. si le propriétaire assujetti décide de clôturer son fonds, ce qui a été considéré comme une « réparation avantageuse », en raison de la nouvelle définition de l'environnement.

(2) Accessoirement à cette action, le propriétaire du fonds servant peut demander que soit prononcée une astreinte (telle somme par jour de retard) contre le défendeur, — ou que soient démolis les ouvrages édifiés en violation de la servitude.

(3) La réintégrande est sans application en matière de servitudes, puisqu'elle suppose une détention matérielle qui a cessé par un acte de violence, et qu'une servitude ne comporte aucune détention matérielle du fonds sur lequel elle s'exerce ; tout au plus, la réintégrande serait-elle admise pour protéger la détention des ouvrages qui servent à l'exercice de la servitude, p. ex. une porte.

— *non les servitudes non susceptibles de possession* c.-à-d. les servitudes discontinues ou non apparentes (p. ex. une servitude de passage), car il se peut qu'elles soient exercées à titre de simple tolérance ;

— *à moins que* la servitude ne soit fondée sur un titre légal ou émanant du propriétaire du fonds servant ou de ses auteurs, ce qui fait disparaître la présomption de simple tolérance ; — ainsi la servitude de passage en cas d'enclave, l'état d'enclave constituant un titre légal ; ou une servitude établie par destination du père de famille, l'acte de division des fonds constituant le titre, — et à condition, encore dans ces cas, que la possession présente les qualités requises.

B. — Actions appartenant au propriétaire du fonds servant.

1. Action négatoire contre le tiers qui prétend être titulaire d'une servitude ; — il suffit au demandeur de faire la preuve de son droit de propriété ; c'est à celui qui allègue l'existence de la servitude d'en faire la preuve (bien qu'il soit défendeur à l'action).

2. Actions possessoires, tendant à faire cesser le trouble que cause l'exercice de la servitude prétendue.

SECTION 6. — **EXTINCTION DES SERVITUDES.**

Causes d'extinction (art. 703 et s.).

1. Impossibilité d'exercice (art. 703) ; p. ex. extinction d'une servitude de puisage quand le puits vient à tarir.

Mais la servitude revit si « les choses sont rétablies de manière qu'on puisse en user », — à moins que ne soit écoulé un délai de trente ans (art. 704).

2. Confusion : cas où les deux fonds sont acquis par le même propriétaire (art. 705).

3. Non-usage pendant trente ans (art. 706).

Point de départ du délai.

a) Servitudes discontinues : du jour du dernier acte d'exercice de la servitude ; p. ex. le dernier passage ; — c'est au demandeur qui invoque le maintien de la servitude qu'il appartient de prouver que le dernier acte d'exercice remonte à moins de trente ans.

b) Servitudes continues : du jour où il a été fait un acte contraire à la servitude ; p. ex., pour une servitude de vue, le jour où la fenêtre a été bouchée.

4. Perte du fonds servant, p. ex. au résultat d'une expropriation pour cause d'utilité publique.

5. Cas où la servitude devient inutile, p. ex., une servitude de passage en cas d'enclave, lorsque l'état d'enclave ayant cessé, le propriétaire du fonds dominant a acquis un accès à la voie publique.

CHAPITRE IV. — **LE BAIL EMPHYTÉOTIQUE**

Bail à très long terme portant généralement (1) sur *des terres* que le preneur s'engage à mettre ou maintenir en culture, moyennant une redevance annuelle (réglementé par C. rur., art. 937 et s.) (2).

Caractères.

1. **Bail** donnant au preneur, comme tout bail, l'usage et la jouissance.
2. **A très long termes**, conclu pour plus de 18 ans et au plus 99 ans, sans tacite reconduction ; — mais pouvant être renouvelé.
3. Conférant au preneur (*l'emphytéote*) « un **droit réel** (*l'emphytéose* susceptible d'hypothèque » (3).

Publicité : soumis à publicité foncière (déc. du 4 janv. 1955, art. 28-1° *b* soumettant à publicité les baux de plus de 12 ans) ; — d'où la nécessité d'un *acte écrit*.

Effets, à défaut de conventions contraires.

1. **Droits du preneur** : le droit réel de l'emphytéote lui confère des droits plus étendus que ceux résultant d'un bail rural ordinaire et même d'un usufruit.

   a) Comme l'usufruitier, il peut user et jouir du fonds ; il recueille les fruits, exploite les mines et carrières précédemment exploitées par le propriétaire ; — exerce un droit de chasse et de pêche ; — peut céder ou hypothéquer son droit pour la durée du bail, ou consentir une sous-location totale ou partielle.

   b) A la différence de l'usufruit, il peut changer le mode d'exploitation ; — opérer toutes transformations des bâtiments, p. ex. les démolir pour construire, à condition que ces modifications ne diminuent pas la valeur du fonds, et « a charge d'avertir le propriétaire » — acquérir au profit du fonds des servitudes actives et le grever, par titre, de servitudes passives pour un temps qui n'excèdera pas la durée du bail.

   c) Le droit de l'emphytéote, comme celui du preneur et à la différence de l'usufruit, se transmet à ses héritiers.

2. **Obligations du preneur :**

   — mettre ou maintenir le fonds en culture ;

   — payer une redevance ;

(1) Mais non nécessairement : un bail emphytéotique peut porter sur tout « bien immeuble ».

(2) Le bail emphytéotique qui est un bail rural, échappe cependant au statut des baux ruraux.

(3) C'est ce caractère qui différencie essentiellement le bail emphytéotique d'un bail ordinaire de très longue durée.

— acquitter « toutes les contributions et charges », même extraordinaires ;

— effectuer les réparations de toutes natures, donc même les grosses réparations, sur les constructions existant lors du bail et sur celles édifiées depuis ;

Le preneur ne peut se libérer en délaissant le fond (contrairement au titulaire d'un droit réel).

Fin du bail.

Causes :

1. Arrivée du terme fixé par le bail, — mode d'extinction normal.
2. *Perte de l'immeuble* résultant d'une destruction naturelle, — ou d'une expropriation pour cause d'utilité publique ; dans ce dernier cas, l'emphytéote a droit à indemnité, distincte de celle du bailleur.
3. *Résilitation du bail*

— pour non-paiement de la redevance *pendant deux ans*, — sauf délai accordé par le tribunal, « suivant les circonstances » ;

— pour inexécution des autres conditions du bail ; p. ex. « détériorations graves » sur le fonds, commises par le preneur.

Sort des améliorations et constructions : sauf conventions contraires, le preneur « ne peut les détruire ou réclamer à cet égard aucune indemnité ».

CHAPITRE V. — LE BAIL À CONSTRUCTION

« **Bail** par lequel le preneur s'engage, à titre principal, à édifier des constructions sur le terrain du bailleur et à les conserver en bon état d'entretien pendant toute la durée du bail », — institué par la loi du 16 déc. 1964 mod. (C. constr. art. L. 251-1 et s.) (1).

Durée : de 18 à 70 ans.

Caractères : bail

— conclu pour une durée de 18 à 70 ans, — ne pouvant être prolongé par tacite reconduction ;

— conférant au preneur « un droit réel immobilier ».

Publicité : soumis à publicité foncière (déc. du 4 janv. 1955, art. 28-1° *b*, soumettant à publicité les baux de plus de 12 ans) ; — d'où la nécessité d'un acte écrit.

(1) Variété de bail emphytéotique permettant au propriétaire d'un terrain, non désireux de vendre, de faire construire ou réédifier sur son terrain, par le preneur (promoteur) moyennant, outre un loyer, l'attribution en propriété de partie des constructions.

Effets :

1. Les parties conviennent de leurs droits respectifs de propriété sur les constructions existantes et sur les constructions édifiées ... » (1).

2. Droits du preneur (C. constr. art. L. 251-3 et s.).

a) Le preneur est propriétaire, pendant la durée du bail, des constructions édifiées par lui, le bailleur restant propriétaire du terrain et des constructions qui s'y trouvaient à la date du bail.

b) Il peut, sauf clause contraire du bail, « démolir en vue de reconstruire les bâtiments existants ».

c) « Le bail à construction confère au preneur un droit réel immobilier », qui « peut être hypothéqué de même que les constructions édifiées sur le terrain loué ».

d) « Le preneur peut céder tout ou partie de ses droits ou les apporter en société ... ».

e) « Le preneur peut consentir des servitudes passives indispensables à la réalisation de constructions prévues au bail ».

3. Obligations du preneur (C. constr. art. L. 291-4 et s.).

a) Le preneur est tenu, d'abord, d'édifier les constructions prévues au bail, dans le délai prévu.

b) Et de les maintenir « en bon état d'entretien et de réparations de toute nature » (ainsi que celles déjà existantes).

c) Payer le loyer, — lequel « peut consister, en tout ou partie, dans la remise au bailleur, à des dates et dans des conditions convenues, d'immeubles ou de fractions d'immeubles ou de titres donnant vocation à la propriété ou à la jouissance de tels immeubles », le loyer pouvant toujours être un loyer périodique payable en espèces, affecté d'un coefficient révisable par périodes triennales ... ».

d) Payer toutes les charges « taxes et impôts relatifs tant aux constructions qu'au terrain ».

4. Fin du bail

Causes de résiliation : a) non-édification des constructions dans le délai prévu : — b) défaut d'entretien des constructions en bon état d'entretien ; — c) non-paiement du loyer ou des charges ; — d) « si pendant la durée du bail les constructions sont détruites par cas fortuit ou de force majeure », résiliation possible à la demande de l'une ou l'autre des parties, par décision judiciaire « qui statue également sur les indemnités ... ».

Conséquences

a) Sort des constructions : en fin de bail et sauf convention contraire, le bailleur devient propriétaire des constructions et profite des améliorations, sans aucune indemnité à sa charge.

(1) Sous réserve de certaines dispositions de la loi qui sont d'ordre public : art. 251-3, 3e et 4e alinéas, 251-5 avant der. alinéa (C. urb. art. 291-8).

b) Sort des droits réels consentis par le preneur : les servitudes passives (3), privilèges, hypothèques « ou autres charges nées du chef du preneur (p. ex. bail consenti sur la construction) s'éteignent à l'expiration du bail.

(3) Autres que celles ayant été indispensables à la réalisation des constructions prévues au bail.

INDEX ALPHABÉTIQUE

A

Accession (déf.), 8, 59.
— naturelle, 90.
— du fait de l'homme, 91.
Action confessoire (servitude), 91.
— — (usufruit), 79.
— en revendication (immeuble), 67.
— — (meuble), 68.
— négatoire (servitudes), 91.
— pétitoire, 45, n. 2.
— possessoire (propriété), 44.
— — (servitudes), 91.
— — (usufruit), 79.
Adjonction, 64.
Alluvion, 60.
Animaux (acquisition), v. *Accession naturelle.*
Animus, v. *Possession.*
Antichrèse (déf.), 3.
Appui (servitude d'), 21.
Aqueduc (servitude d'), 20.
Association (biens), v. *Personnes morales.*
Avulsion, 60.

B

Bail à construction, 94.
— emphythéotique, 93.
Bien (déf.), 1.
— de famille, 23.
— vacant, 50.
Bornage (obligation de), 19.

C

Carrière, 15.
Caution juratoire, 76.
Cession de droit indivis, v. *Indivision.*
Charge réelle, 83.
Chose abandonnée, 50.
— commune, 50.
— sans maître, 50.
Clause d'inaliénabilité, 23.
— de réserve de propriété, 58.
Clôture (droit de), 19.
— mitoyenne (copropriété), 32.
Complainte, 44.
Conseil syndical, 38.
Constructions (distance), 16.
— avec matériaux d'autrui, 61.
— sur sol d'autrui, 61.
Convention d'indivision, v. *Indivision.*
Copropriété (déf.), 25.
— des clôtures, v. *Clôture.*
— des cours, 35.
— des maisons divisées en appartements, 35.
— forcée (déf.), 32.
— (règlement de), 35.
Corpus, v. *Possession.*
Cour commune, v. *Servitude de*
Cours d'eau, 9.
— domaniaux, 9.
— mixte, 11.
— non domaniaux, 10.

D

Dénonciation de nouvel œuvre, 45.
Destination du père de famille, v. *Servitude.*
Détention (déf.), 41.
Distances (constructions), v. *Constructions.*
— (vues), v. *Vues.*
Domaine privé (biens du), 32.
— public (biens du), 32.
Don manuel, 55, n. 2.
Drainage, 20.
Droit d'habitation, v. *Habitation.*
— de passage, v. *Enclave.*

— de préférence (déf.), 3.
— de propriété, v. *Propriété.*
— de suite (déf.), 3.
— personnel (déf.), 1.
— réel (déf.), 1.
— — accessoire (déf.), 2.
— — mobilier (déf.), 4.
— — immobilier (déf.), 4.

E

Eaux (propriété), 8.
— de pluie, 9.
— de source, 9.
— (écoulement), 20, 21.
— (régime des —, obligations), 20.
— règlement d'eau, 10.
Ecoulement (servitude), 20.
Egout des toits, 20.
Emphytéose, v. *Bail emphythéotique.*
Enclave (déf.), 17.
— (passage en cas d'), 17.
Energie hydraulique, 11.
« En fait de meubles ... » (règle), 54.
— (meubles perdus ou volés), 54.
— (titres au porteur), 55.
Epave, 51.
Expropriation, 11.

F

Force motrice, v. *Energie hydraulique.*
Fruits (déf.), 7.

G

Gage (déf.), 3.
Gisement souterrain, 14.

H

Habitation (droit d'), 80.
Héberge, 33.
Hydrocarbure, 14, n. 4.
Hypothèque (déf.), 3.

I

Iles et ilôts (propriété), 60.
Inaliénabilité, v. *Clause.*
Indivision (déf.), 25.
— (cession de droits indivis), 28.
— (maintien), 26.
— régime légal, 26.
— — conventionnel, 29.
— v. *Copropriété.*
Irrigation, 20.

J

Jour de souffrance, 17.
Juste titre, v. *Prescription abrégée.*

M

Marchepied, v. *Servitude de —.*
Mélange, 64.
Meuble (règle « En fait de — »), v. *En fait de meubles.*
Mine, 14.
Mitoyenneté, 32.
Mur mitoyen, v. *Mitoyenneté.*

N

Nantissement (déf.), 2.
Nationalisation, 11.
Nouvel œuvre, v. *Dénonciation de.*

O

Occupation, 50.

P

Passage (droit de), v. *Servitude.*
Permis de construire, 13.
Personne morale (bien des —), 31.
Pétitoire, possessoire (non cumul), 45.
Plantations (distance), 16.
Possession (déf.), 39.
— *animus*, 40.
— *corpus*, 40.
— (effets), 42.
— — (en mat. immobilière), 44.
— — (en mat. mobilière), 46.
— — (condition), 41.
— de bonne foi (effet ; fruits), 45.
— (éléments), 40.

Possession précaire, v. *Détention.*
— (preuve), 40.
— (protection), v. *Actions possessoires.*
— utile (déf.), 41.
— (vices), 41.
Prescription.
— acquisitive, 46.
— trentenaire, 46.
— abrégée, 48.
— (interruption), 47.
— (suspension), 47.
Produits (déf.), 7.
Propriétaire apparent, 57.
Propriété (droit de, déf.), 5.
— (abus du droit de), 21.
— (acquisition), 39.
— (attributs), 5.
— des biens des personnes morales, v. *Personnes morales.*
— (caractères), 5.
— collective, 25.
— des eaux, v. *Eaux.*
— du dessous, 7.
— — (restrictions), 14.
— du dessus, 7.
— — (restrictions), 13.
— du sol, 7.
— — (restrictions), 12.
— (étendue), 6.
— (preuve)
— — (propriété immobilière), 64.
— — (propriété mobilière), 66.
— (restrictions au droit de), 11.
Publicité foncière, 58.

Q

Quasi-usufruit, 72.

R

Redevance tréfoncière, 15.
Règlement d'eau, v. *Eau, règlement.*
— de copropriété, v. *Copropriété, règlement.*
Réintégrande, 45.
Remembrement, 13.
Réquisition, 11.
Revendication, v. *Action en.*

S

Servitude (déf.), 82.
— apparente, non apparente, 83.
— (caractères), 82.
— (classifications), 83.
— continue, discontinue, 83.
— d'appui, v. *Appui.*
— d'aqueduc, v. *Aqueduc.*
— d'écoulement, v. *Ecoulement.*
— de cour commune, 86.
— de marche-pied, 13.
— de passage, 82.
— — (en cas d'enclave), v. *Enclave.*
— du fait de l'homme, 86.
— d'intérêt privé, 85.
— (établissement), 85.
— (exercice), 90.
— (extinction), 92.
— légale, 85.
— positive, négative, 83.
— par destination du père de famille, 89.
— (sanctions), 91.
— d'utilité publique, 84.
Société (biens), v. *Personnes morales.*
Source, v. *Eau.*
Spécification, 64.
Substitution fidéicommissaire, 23.
Succession en deshérence, 50.
Syndic (copropriété), 38.

T

Titre au porteur (perdu ou volé), v. « *En fait de meubles ...* », *règle.*
— putatif (possession), 43.
— recognitif (servitudes), 88.
Trésor, 50.

U

Usage (droit d'), 81.
Usucapion, 46.
Usufruit (déf.), 70.
— (caractères), 70.
— (cession), 77.
— (choses susceptibles d'), 72.
— (droits et obligations de l'usufruitier), 74.

— des créances, 75.
— (effets), 73.
— (fin), 79.
— (nu propriétaire), 73.
— (sanctions), 79.
— (sources), 72.

V

Vaine pature, 20.
Voisinage (inconvénients ordinaires du), 21.
Vues (distance), 16.

TABLE DES MATIÈRES

Chapitre préliminaire. — Rappel des notions essentielles sur les droits réels 1
1. *Définitions et terminologie* 1
2. *Deux catégories de droits réels : droits réels principaux et droits réels accessoires* 1
3. *Caractères des droits réels* 3

PREMIÈRE PARTIE

LA PROPRIÉTÉ

TITRE I. — **NOTIONS GÉNÉRALES.**

1. *Définition* 5
2. *Attributs du droit de propriété* 5
3. *Caractères du droit de propriété* 5

TITRE II. — **ÉTENDUE DU DROIT DE PROPRIÉTÉ.**

Chapitre I. — Objet du droit de propriété 6

§ 1. — Propriété du dessus et du dessous 7

§ 2. — Propriété de ce qui est produit par la chose 7

§ 3. — Propriété de ce qui s'incorpore à la chose 8

§ 4. — Propriété des eaux 8
1. *Eaux de pluie* 8
2. *Eaux de source* 9
3. *Cours d'eau* 9
4. *Energie hydraulique* 11

Chapitre II. — Restrictions au droit de propriété 11

Section 1. — Restrictions dans l'intérêt général 11

§ 1. — Restriction d'ordre général à la propriété mobilière et immobilière : *réquisition et nationalisation* 11

§ 2. — Restrictions concernant la propriété foncière 12
A. *Restrictions à la propriété du sol* 12
B. *Restrictions à la propriété du dessus* 13
C. *Restrictions à la propriété du dessous ; régime des gisements souterrains* 14

Section 2. — Restrictions tenant au voisinage des fonds 16

§ 1. — Obligation d'observer certaines distances pour les plantations et constructions 16

§ 2. — Obligation d'observer certaines distances pour l'ouverture des vues 16

§ 3. — Obligation de supporter le passage en cas d'enclave 17

§ 4. — Obligation de se soumettre au bornage et à la clôture ... 19

§ 5. — Obligations résultant du régime des eaux 20

§ 6. — Obligation générale de ne pas causer de dommage aux propriétés voisines 21

Section 3. — Restrictions conventionnelles 23

Section 4. — Restrictions dans l'intérêt de certaines catégories de personnes 25

TITRE III. — **LES PROPRIÉTÉS COLLECTIVES.**

Section 1. — La copropriété (ou indivision) 25

§ 1. — Régime légal de toute indivision 26
A. *Droit de demander le partage* 26
B. *Administration des biens indivis* 26
C. *Usage et jouissance des biens indivis* 27
D. *Fruits et revenus des biens indivis* 27
E. *Droits et obligations du gérant* 28
F. *Cession des droits indivis : droit de préemption ou de substitution des indivisaires* 28
G. *Droits des créanciers* 29

§ 2. — Régime conventionnel de l'indivision 29
A. *Les conventions d'indivision* 29
B. *Gestion de l'indivision* 30
C. *Cession de part indivise* 30
D. *Droits des créanciers* 30

Section 2. — Propriété des biens des personnes morales 31

Section 3. — La copropriété avec indivision forcée 32

§ 1. — Copropriété des clôtures mitoyennes 32

§ 2. — Copropriété des éléments affectés au service commun de plusieurs propriétés voisines 35

§ 3. — Copropriété des parties communes des maisons divisées en appartements 35

TITRE IV. — **MODES D'ACQUISITION DU DROIT DE PROPRIÉTÉ.**

Chapitre I. — Acquisition de la propriété par l'effet de la possession 39

Section 1. — La possession et ses effets en général 39

§ 1. — Généralités 39

§ 2. — Conditions pour que la possession produise des effets juridiques 41

§ 3. — Effets juridiques de la possession 42

A. *Effets de toute possession, même de mauvaise foi* 42
B. *Un effet de la possession de bonne foi : acquisition des fruits par le possesseur de bonne foi* 42
C. *Effets particuliers de la possession en matière immobilière.* 44
1. Prescription acquisitive (renvoi) 44
2. La protection de la possession : les actions possessoires . 44
a) Règles communes à toutes les actions possessoires 44
b) Différentes actions possessoires : complainte, dénonciation de nouvel œuvre, réintégrande 44
c) Non cumul du « possessoire » et du « pétitoire » 45
D. *Effet particulier à la possession en matière mobilière : acquisition instantanée de la propriété* 46

Section 2. — Acquisition de la propriété immobilière par l'effet de la possession : la prescription acquisitive. 46

§ 1. — Conditions de l'usucapion 46
1. *la prescription trentenaire* 46
2. *La prescription abrégée (par dix à vingt ans)* 48

§ 2. — Effets de l'usucapion accomplie 49

Section 3. — Acquisition de la propriété mobilière par l'effet de la possession 50

§ 1. — L'occupation 50

§ 2. — La règle : « En fait de meubles, la possession vaut titre ». 52

1. *Le principe* 52
2. *Conditions d'application* 52
3. *Effets de la règle « En fait de meubles ... »* 54

a) Dans les rapports entre l'acquéreur *a non domino* et le véritable propriétaire 54
b) Dans les rapports entre le possesseur et son auteur 55

Chapitre II. — Acquisition de la propriété par l'effet des contrats 56

§ 1. — Le principe 56

§ 2. — Transfert instantané de la propriété 57
A. *Transfert de la propriété entre parties* 57
B. *Transfert de la propriété à l'égard des tiers* 58

Chapitre III. — Acquisition de la propriété par accession 59

Section 1. — Accession au profit d'un immeuble 60

§ 1. — Accession naturelle 60

§ 2. — Accession du fait de l'homme : acquisition par accession des constructions et plantations 61

1. *Constructions édifiées avec les matériaux d'autrui* 61

2. *Constructions sur le sol d'autrui* 61

A. Rapports entre le propriétaire du sol et le constructeur : constructeur de bonne foi, constructeur de mauvaise foi .. 61

B. Domaine d'application de l'art. 555 62

Section 2. — Accession au profit d'un meuble 64

TITRE V. — **PREUVE DE LA PROPRIÉTÉ.**

Section 1. — Preuve de la propriété immobilière 64

§ 1. — Preuve par prescription acquisitive 64

§ 2. — Preuve par présomptions de fait 64

Section 2. — Preuve de la propriété mobilière 66

TITRE VI. — **SANCTION DU DROIT DE PROPRIÉTÉ : L'ACTION EN REVENDICATION.**

Section 1. — L'action en revendication en matière immobilière . 67

Section 2. — L'action en revendication en matière mobilière ... 68

DEUXIÈME PARTIE

LES DROITS RÉELS PRINCIPAUX AUTRES QUE LA PROPRIÉTÉ

Chapitre I. — L'usufruit 70

Section 1. — Généralités 70

Section 2. — Choses susceptibles d'usufruit 72

Section 3. — Sources de l'usufruit 72

Section 4. — Effets de l'usufruit 73

§ 1. — Situation du nu-propriétaire 73

§ 2. — Droits et obligations de l'usufruitier 74
I. *Droit de l'usufruitier* 74
A. Droit d'user de la chose 74
B. Droit de jouir de la chose 74
C. Baux consentis par l'usufruitier 75
D. Cession de l'usufruit 76
II. *Obligations de l'usufruitier* 76
A. Au début de l'usufruit 76
B. Pendant la durée de l'usufruit 77
C. A la fin de l'usufruit (renvoi) 78

Section 5. — Sanctions de l'usufruit 79

Section 6. — Fin de l'usufruit 79

§ 1. — Causes d'extinction 79

§ 2. — Effets de l'extinction 80
1. *Restitution des biens par l'usufruitier (ou par ses héritiers).* 80
2. *Règlement des comptes entre l'usufruitier (ou ses héritiers) et le propriétaire* 80

Chapitre II. — L'usage et l'habitation 81

Chapitre III. — Les servitudes 82

Section 1. — Généralités 82

Section 2. — Classifications des servitudes 83

1. Classification au point de vue du mode d'exercice de la servitude 83
A. *Servitudes positives et servitudes négatives* 83
B. *Servitudes continues et servitudes discontinues* 83
C. *Servitudes apparentes et servitudes non apparentes* 83

2. Classification au point de vue de la cause de la servitude 84
A. *Servitudes d'utilité publique* 84
B. *Servitudes d'intérêt privé* 84

Section 3. — Mode d'établissement des servitudes 85

§ 1. — Servitudes établies par la loi 85

§ 2. — Servitudes établies par l'autorité judiciaire : les servitudes de cours communes 86

§ 3. — Servitudes établies par le fait de l'homme 86
A. — *Libertés des conventions* 86
B. — *Modes d'établissement des servitudes « par le fait de l'homme »* 87
1. Par titre 87
2. Par prescription 88
3. Par destination du père de famille 89

Section 4. — Exercice des servitudes 90

Section 5. — Sanction des servitudes 91
Section 6. — Extinction des servitudes 92

Chapitre IV. — Le bail emphytéotique 93

Chapitre V. — Le bail à construction 94

Index alphabétique 97

Table des matières 101

PRÉCIS DALLOZ

Classification par grandes disciplines et par ordre alphabétique

DROIT — (couverture rouge)

DROIT ADMINISTRATIF,
— Données juridiques fondamentales. Organisation administrative. Formes de l'action administrative.
par J. RIVÉRO.

DROIT ADMINISTRATIF,
— Fonction publique. Biens publics. Travaux publics.
— Expropriation. Urbanisme. Aménagement du territoire,
par J. M. AUBY et R. DUCOS-ADER.

AIDE SOCIALE. ACTION SOCIALE,
par E. ALFANDARI.

DROIT DES ASSURANCES,
par Y. LAMBERT-FAIVRE.

ASSURANCES DES ENTREPRISES ET DES PROFESSIONS,
par Y. LAMBERT-FAIVRE.

DROIT BANCAIRE,
par R. RODIÈRE et J. L. RIVES-LANGE.

DROIT CIVIL,
— Introduction générale,
— Les personnes. La famille. Les incapacités,
— Les biens,
— Les obligations,
— Les sûretés. La publicité foncière,
par A. WEILL et F. TERRÉ.

DROIT COMMERCIAL,
— Actes de commerce et commerçants,
par R. HOUIN et M. PÉDAMON.

DROIT COMMERCIAL,
— Effets de commerce. Contrats commerciaux. Faillites,
— Les groupements commerciaux,
par R. RODIÈRE et B. OPPETIT.

DROIT COMMERCIAL EUROPÉEN,
par B. GOLDMAN.

DROIT DE LA CONSOMMATION,
par J. CALAIS-AULOY.

CONTENTIEUX ADMINISTRATIF,
par Ch. DEBBASCH.

CRIMINOLOGIE ET SCIENCE PÉNITENTIAIRE,
par G. STEFANI, G. LEVASSEUR et R. JAMBU-MERLIN.

DROIT FISCAL DES AFFAIRES,
par F. GORÉ et B. JADAUD.

LES GRANDS SYSTÈMES DE DROIT CONTEMPORAINS,
par R. DAVID.

DROIT DE L'INFORMATION,
par J. M. AUBY et R. DUCOS-ADER.

*INSTITUTIONS ADMINISTRATIVES,
par J. M. AUBY et R. DUCOS-ADER.

DROIT INTERNATIONAL PRIVÉ,
par Y. LOUSSOUARN et P. BOUREL.

DROIT INTERNATIONAL PUBLIC,
par Ch. ROUSSEAU.

LIBERTÉS PUBLIQUES,
par Cl. A. COLLIARD.

DROIT MARITIME,
par R. RODIÈRE.

DROIT PÉNAL GÉNÉRAL,
par G. STEFANI, G. LEVASSEUR et B. BOULOC.

DROIT PÉNAL INTERNATIONAL,
par Cl. LOMBOIS.

DROIT PÉNAL SPÉCIAL,
— Les infractions contre les biens, les personnes, la famille, les mœurs et la paix publique,
par M.-L. RASSAT.

PHILOSOPHIE DU DROIT,
— Définitions et fins du droit,
— Les moyens du droit,
par M. VILLEY.

PROCÉDURE CIVILE,
par J. VINCENT et S. GUINCHARD.

PROCÉDURE PÉNALE,
par G. STEFANI, G. LEVASSEUR et B. BOULOC.

DROIT DE LA PROMOTION IMMOBILIÈRE,
par Ph. MALINVAUD et Ph. JESTAZ.

DROIT DE LA PROPRIÉTÉ INDUSTRIELLE,
par A. CHAVANNE et J.-J. BURST.

PROPRIÉTÉ LITTÉRAIRE ET ARTISTIQUE,
par C. COLOMBET.

*DROIT PUBLIC ÉCONOMIQUE,
par A. de LAUBADÈRE.

DROIT ROMAIN ET ANCIEN DROIT FRANÇAIS,
— Droit des obligations,
par R. VILLERS et A.-E. GIFFARD.

DROIT ROMAIN ET ANCIEN DROIT FRANÇAIS,
— Régimes matrimoniaux. Successions. Libéralités,
par P.-C. TIMBAL.

DROIT DE LA SÉCURITÉ SOCIALE,
par J.-J. DUPEYROUX.

DROIT SOCIAL INTERNATIONAL ET EUROPÉEN,
par G. LYON-CAEN et A. LYON-CAEN.

*LA THÉORIE DES OBLIGATIONS,
par R. SAVATIER.

DROIT DES TRANSPORTS TERRESTRES ET AÉRIENS,
par R. RODIÈRE.

DROIT DU TRAVAIL,
par G. H. CAMERLYNCK et G. LYON-CAEN.

VOIES D'EXÉCUTION ET PROCÉDURES DE DISTRIBUTION,
par J. VINCENT.

GESTION D'ENTREPRISE — (couverture jaune)

ÉLÉMENTS D'INFORMATIQUE APPLIQUÉE À LA GESTION,
par P. BINET et H. LESCA.

GESTION COMMERCIALE DES ENTREPRISES,
par A. MICALLEF.

GESTION DE L'ENTREPRISE ET COMPTABILITÉ,
par P. LASSÈGUE.

SCIENCES ÉCONOMIQUES — (couverture verte)

COMPTABILITÉ NATIONALE,
par J. MARCZEWSKI et R. GRANIER.

ÉCONOMIE ET INSTITUTIONS FINANCIÈRES,
— Institutions financières,
— Economie financière,
par A. BARRÈRE.

ÉCONOMIE POLITIQUE,
— Introduction générale. Analyse micro-économique. Analyse macro-économique,
par H. GUITTON et D. VITRY.
— La monnaie. La répartition. Les relations internationales,
par H. GUITTON et G. BRAMOULLÉ.

ESPACE RÉGIONAL ET AMÉNAGEMENT DU TERRITOIRE,
par J. LAJUGIE, C. LACOUR et P. DELFAUD.

HISTOIRE DES FAITS ÉCONOMIQUES DE L'ÉPOQUE CONTEMPORAINE,
par A. GARRIGOU-LAGRANGE et M. PENOUIL.

LA MONNAIE,
par H. GUITTON et G. BRAMOULLÉ.

LES MOUVEMENTS CONJONCTURELS,
par H. GUITTON et D. VITRY.

PENSÉE ÉCONOMIQUE ET THÉORIES CONTEMPORAINES,
par A. PIETTRE.

POLITIQUES DE DÉVELOPPEMENT,
par R. PASSET.

RELATIONS ÉCONOMIQUES INTERNATIONALES,
par G. DESTANNE de BERNIS.

SOCIO-ÉCONOMIE DU SOUS-DÉVELOPPEMENT,
par M. PENOUIL.

STATISTIQUE,
par H. GUITTON.

SYSTÈMES ET STRUCTURES,
par A. GARRIGOU-LAGRANGE.

SCIENCE POLITIQUE — (couverture bleue)

COMMUNAUTÉS EUROPÉENNES,
par L. CARTOU.

DROIT BUDGÉTAIRE ET COMPTABILITÉ PUBLIQUE,
par L. TROTABAS et J.-M. COTTERET.

DROIT FISCAL,
par L. TROTABAS et J.-M. COTTERET.

DROIT FISCAL INTERNATIONAL ET EUROPÉEN,
par L. CARTOU.

HISTOIRE DES IDÉES POLITIQUES,
par M. PRÉLOT et G. LESCUYER.

HISTOIRE DES INSTITUTIONS PUBLIQUES DEPUIS LA RÉVOLUTION FRANÇAISE,
par G. SAUTEL.

HISTOIRE DES INSTITUTIONS PUBLIQUES ET DES FAITS SOCIAUX,
par P.-C. TIMBAL et A. CASTALDO.

INSTITUTIONS POLITIQUES ET DROIT CONSTITUTIONNEL,
par M. PRÉLOT ET J. BOULOUIS.

INSTITUTIONS DES RELATIONS INTERNATIONALES,
par Cl. A. COLLIARD.

LES ÉTATS SOCIALISTES EUROPÉENS,
par R. CHARVIN.

LE SYSTÈME POLITIQUE FRANÇAIS,
par D.-G. LAVROFF.

MÉTHODES DES SCIENCES SOCIALES,
par M. GRAWITZ.

PRINCIPES DE COMPTABILITÉ PUBLIQUE,
par G. MONTAGNIER.

SCIENCE ADMINISTRATIVE,
par Ch. DEBBASCH.

SOCIOLOGIE POLITIQUE,
par M. PRÉLOT.

MATHÉMATIQUE — (couverture orange)

ALGÈBRE DE BASE,
par L. GUERBER.

ALGÈBRE LINÉAIRE I,
par L. GUERBER.

ALGÈBRE LINÉAIRE 2,
par M. DESPLAS.

STATISTIQUE DESCRIPTIVE,
par L. GUERBER.

PROGRESSION, EXPONENTIATION, ACTUALISATION,
par Z. M. BERREBI.

GRAPHES, CHAINES DE MARKOV,
par G. KREWERAS.

ANALYSE MATHÉMATIQUE POUR L'ÉCONOMIE, I. TOPOLOGIE,
par L. A. GÉRARD-VARET, M. PRÉVOT, J. F. THISSE.

IMPRIMERIE DU TAUR / 34, RUE DU TAUR / 31000 TOULOUSE / FRANCE
Dépôt légal 3e trimestre 1981